COMUNICAÇÃO E MARKETING SUSTENTÁVEL

COMUNICAÇÃO E MARKETING SUSTENTÁVEL

FLÁVIA MENDES

Freitas Bastos Editora

Copyright © 2025 by Flávia Mendes.

Todos os direitos reservados e protegidos pela Lei nº 9.610, de 19.2.1998. É proibida a reprodução total ou parcial, por quaisquer meios, bem como a produção de apostilas, sem autorização prévia, por escrito, da Editora.

Direitos exclusivos da edição e distribuição em língua portuguesa:
Maria Augusta Delgado Livraria, Distribuidora e Editora

Direção Editorial: Isaac D. Abulafia
Gerência Editorial: Marisol Soto
Assistente Editorial: Larissa Guimarães
Copidesque: Lara Alves dos Santos Ferreira de Souza
Revisão: Enrico Miranda
Diagramação e Capa: Vanúcia Santos

Dados Internacionais de Catalogação na Publicação (CIP) de acordo com ISBD

M538c		
	Mendes, Flávia	
	Comunicação e marketing sustentável / Flávia Mendes. – Rio de Janeiro, RJ: Freitas Bastos, 2025.	
	164 p. : 15,5cm x 23cm.	
	ISBN: 978-65-5675-548-9	
	1. Comunicação. 2. Marketing sustentável. I. Título.	
2025-1953		CDD 302.2
		CDU 316.77

Elaborado por Vagner Rodolfo da Silva - CRB-8/9410

Índices para catálogo sistemático:
1. Comunicação 302.2
2. Comunicação 316.77

Freitas Bastos Editora
atendimento@freitasbastos.com
www.freitasbastos.com

COMUNICAÇÃO E MARKETING SUSTENTÁVEL
FLÁVIA MENDES

Vinte anos de atuação nas áreas de Comunicação Corporativa, Gestão de Negócios e Sustentabilidade. Mestre em Interfaces Sociais da Comunicação pela Escola de Comunicações e Artes da USP. Graduada em Comunicação pela Universidade Metodista de São Paulo, com especialização em Comunicação Empresarial pela Faculdade Cásper Líbero. Atua há 15 anos na área acadêmica como professora de graduação e pós-graduação. É professora da Universidade de São Paulo (USP) no curso de pós-graduação e MBA em Gestão de Comunicação e Marketing, atuando como pesquisadora do Centro de Estudos de Avaliação e Mensuração em Comunicação e Marketing (CEACOM). Desde 2013, é proprietária da FCMMendes, consultoria voltada ao desenvolvimento e treinamento das áreas de comunicação, reputação e sustentabilidade das empresas.

Sumário

PREFÁCIO 9

INTRODUÇÃO 11

CAPÍTULO 1 - FUNDAMENTOS DA SUSTENTABILIDADE 17
    1.1. Os ODS – Objetivos do Desenvolvimento Sustentável 23
    1.2. Economia Circular 37
    1.3. *Environmental, Social and Governance* – ESG 41
    1.4. Exercício de Assimilação 43
    Referências bibliográficas 50

CAPÍTULO 2 - O PAPEL DO *MARKETING* E DA COMUNICAÇÃO PARA A SUSTENTABILIDADE 52
    2.1. O Papel da Comunicação dentro da Nova Economia 61
        2.1.1. Comunicação Administrativa 63
        2.1.2. Comunicação Interna 64
        2.1.3. Comunicação Mercadológica 66
        2.1.4. Comunicação Institucional 68
    2.2. Comportamento do Consumidor Sustentável 75
    2.3. Exercício de Assimilação 87
    Referências bibliográficas 89

CAPÍTULO 3 - APLICAÇÃO PRÁTICA DA COMUNICAÇÃO E DO *MARKETING* PARA A SUSTENTABILIDADE 90
    3.1. Como a comunicação integrada pode disseminar os ODS 103
    3.2. Como a comunicação pode evitar o *Greenwashing* 113
    3.3. Comunicação para Impacto Social 117
    3.4. Exercício de Assimilação 131
    Referências bibliográficas 133

CAPÍTULO 4 - PERSPECTIVAS DO *MARKETING* E DA COMUNICAÇÃO PARA A SUSTENTABILIDADE 135

    4.1. Tendências 146

    4.2. O que o futuro nos reserva? 157

    Referências bibliográficas 162

CONSIDERAÇÕES FINAIS 163

PREFÁCIO

Meu contato com a Flávia Mendes começou em 2009, quando ela participou da disciplina "Marketing e Comunicação Persuasiva nas Empresas Contemporâneas", oferecida no programa de pós-graduação *Stricto Sensu* da Escola de Comunicações e Artes da Universidade de São Paulo (ECA-USP). Desde então, tive o privilégio de acompanhar sua trajetória brilhante e comprometida com a comunicação e a sustentabilidade.

Durante o mestrado, orientei Flávia em sua dissertação, *Sustentabilidade no varejo: as práticas ambientais e suas aplicações na consolidação da marca*, na qual ela apresentou uma análise inovadora e minuciosa sobre a relação entre sustentabilidade e *branding* no varejo. Flávia não se contentou apenas em examinar as práticas sustentáveis das empresas, mas foi além, avaliando de forma crítica o impacto dessas ações tanto para o fortalecimento das marcas quanto para o benefício da sociedade.

Sua capacidade de equilibrar uma abordagem prática e crítica, ao mesmo tempo em que mantém uma visão estratégica e sensível, é um dos diferenciais que permeiam tanto sua obra quanto sua atuação acadêmica e profissional. Desde 2016, Flávia compartilha esse vasto conhecimento em suas aulas da disciplina Comunicação Organizacional e Sustentabilidade, nos cursos de pós-graduação *Lato Sensu* da ECA-USP, por mim coordenados. Nessas aulas, ela cativa seus alunos com uma didática envolvente e acessível, traduzindo conceitos complexos em soluções práticas e relevantes.

Neste livro, Flávia apresenta com maestria a importância crucial do *marketing* e da comunicação na prática autêntica de ações sustentáveis. Ela não só exemplifica tais ações como também nos convida a uma reflexão profunda sobre a responsabilidade das empresas e dos indivíduos. Em suas palavras, é necessário que todos "ganhem consciência das suas atitudes para, assim, mudarem o que não estão fazendo bem."

A leitura desta obra é uma oportunidade imperdível para todos que desejam entender o futuro da sustentabilidade no mundo empresarial. Tenho plena convicção de que os leitores sairão deste livro inspirados, informados e prontos para contribuírem ativamente para a mudança de que o nosso planeta tanto necessita.

Aproveite esta leitura transformadora.

Mitsuru Higuchi Yanaze
Professor Titular da Escola de Comunicações e Artes
da Universidade de São Paulo (ECA-USP)

INTRODUÇÃO

A primeira vez que escutei a palavra sustentabilidade foi em 2010, quando eu já estava cursando o mestrado em Comunicação na Escola de Comunicação e Artes da USP. Naquele período poucas pessoas e empresas falavam este termo.

No final dos anos 1990 e início dos anos 2000 ouvíamos muito mais as palavras responsabilidade social, responsabilidade corporativa e até mesmo responsabilidade socioambiental.

Ambos os conceitos – responsabilidade e sustentabilidade – estão corretos de uma certa forma. O termo responsabilidade está muito voltado à parte prática de uma empresa ou instituição, portanto, o quanto a mesma é responsável por determinada ação ou consequências dessas ações. Enquanto a palavra sustentabilidade vai mais além, sustentabilidade se relaciona com o "algo que pode se sustentar". E nada mais esclarecedor do que pensar em ações positivas para a sociedade do que pensar em como essas ações se sustentam e como reverberam para todos os indivíduos.

Sustentabilidade é a palavra que designa uma amplitude de ações e reações diante dos extremos desafios sociais, econômicos e ambientais que a população humana começou a vivenciar na segunda metade do século XX.

Em 1962, Guimarães Rosa escreveu o conto A Terceira Margem do Rio, que é parte do seu livro *Primeiras Estórias*. Neste conto, o autor fala sobre um homem que decidiu viver em uma canoa dentro de um rio e, portanto, seria a terceira margem do rio, pois se tornou parte integrante dele, e como as pessoas tinham uma dificuldade para entender sua escolha de vida. Este conto de Rosa pode nos elucidar o papel da sustentabilidade na sociedade, como se ela fosse a terceira margem de um rio, de um lado, ou seja, em uma margem estão as pessoas que não acreditam e acham que a visão sustentável não leva a lugar nenhum, e do outro, pessoas que buscam incorporar as mais variadas práticas sustentáveis ao cotidiano. No meio, na terceira margem, está a sustentabilidade tentando se equilibrar em uma canoa em meio a uma correnteza de *fake news*[1] e notícias muitas vezes assustadoras que fazem as pessoas que pouco entendem do tema se distanciarem cada vez mais dele.

A sustentabilidade, como uma terceira margem, já está incorporada na vida das pessoas, nas pequenas atitudes, no olhar mais empático para o outro e na capacidade humana de cooperar.

O que impede esta sustentabilidade de ser bem aceita e não sofrer resistência é não fazer uma comunicação aberta, objetiva e transparente.

Um cientista comunicar sobre a importância da energia solar, por exemplo, pode ser muito útil para estudos e discursos de pesquisadores, mas talvez não seja prático o suficiente para uma pessoa comum entender que ela pode ter um pequeno painel fotovoltaico[2] em casa e economizar muito na conta de luz.

O maior desafio da sustentabilidade hoje é conseguir ser compreendida pela maioria das pessoas.

O objetivo deste livro é ajudar estudantes e profissionais de todo o Brasil a comunicarem de forma eficaz as mais diversas práticas sustentáveis, além de trazer termos técnicos

---
1. Notícias falsas divulgadas amplamente.
2. Painel fotovoltaico é um painel que capta energia solar e transforma em energia elétrica para residências e empresas.

e científicos para uma linguagem mais adequada e próxima das pessoas.

Vamos apresentar um pouco a estrutura deste livro.

No Capítulo 1, são apresentados os conceitos e fundamentos da sustentabilidade, e também um pouco da história deste termo. Vamos discorrer sobre os ODS (Objetivos do Desenvolvimento Sustentável) que estão sendo debatidos há quase 10 anos, desde 2015. Também vamos abordar como a economia circular já está influenciando nosso cotidiano e como podemos inseri-la cada vez mais na sociedade. O último tópico mostra o ESG, palavra da moda, que cada vez mais está substituindo o termo sustentabilidade, mas que tem outro significado, pois as ações de ESG estão mais direcionadas ao mercado financeiro.

A cada capítulo há um exercício de assimilação. O objetivo desses exercícios não saber o que é certo ou errado, mas, sim, sempre que possível, fazer uma análise, uma reflexão do seu cotidiano e de como a comunicação e o *marketing* para a sustentabilidade estão inseridos e sendo vistos pelos indivíduos e organizações.

Os exercícios são de aplicação prática e podem ser levados para universidades e empresas para discutirem o tema ou até mesmo o implementarem.

O Capítulo 2 já entra no título deste livro, na comunicação e no *marketing*, e como essas duas áreas são tão importantes para que a sustentabilidade seja disseminada. Além de apresentar exemplos reais e atuais de comunicação, vamos abordar os conceitos mais importantes da área, como comunicação integrada, da professora Margarida Kunsch e os fatos comunicáveis do professor Mitsuru Yanaze, ambos da Escola de Comunicação e Artes da USP, dos quais tive o prazer de ser aluna. Neste capítulo trazemos um pouco do histórico da comunicação para a sustentabilidade e, por último, como o comportamento do consumidor afeta as empresas para serem mais sustentáveis, ou vice-versa, como as empresas afetam o consumidor para não serem tão sustentáveis assim. Sempre apresentando um exercício de assimilação no final do capítulo.

O Capítulo 3 tem a apresentação da aplicação prática da comunicação e do *marketing* sustentável. São abordados o planejamento de comunicação, a importância de cada etapa do planejamento, os exemplos de estratégias e os instrumentos de comunicação. Neste capítulo também abordamos como profissionais e futuros profissionais de comunicação e *marketing* podem ser peça essencial para evitar o *greenwashing*, ou seja, a comunicação e o *marketing* que nada agregam para a sustentabilidade, mas, sim, geram uma imagem negativa das práticas das organizações. Outro tópico do capítulo é a Comunicação para o Impacto Social, tema de muita relevância nos últimos tempos por causa das muitas mudanças sociais que estamos vivenciando no século XXI.

O último capítulo procura fazer uma síntese dos capítulos anteriores para tentar compreender o que vem pela frente e como poderemos trabalhar a comunicação e o *marketing* nos próximos anos. Os desafios apresentados neste livro são enormes, temos muita coisa a ser feita, porém, dentro de um cenário tão preocupante, não poderemos ficar paralisados, precisamos agir e hoje, com a diversidade de conhecimento exposta pelas redes sociais, temos muitas ferramentas para agir.

Nesse capítulo, o objetivo foi tentar ser uma bússola, isso significa que não mostraremos o futuro com previsões catastróficas ou ilusões sem sentido, mas, sim, que temos como nos planejar, que temos como direcionar nossas ações sempre para algo melhor, sempre para evoluir. A bússola mostra a direção, mas é você quem escolhe qual o caminho a seguir, o que é melhor para você e para o seu entorno.

Este livro precisa ser lido sem pensarmos em ideologias políticas ou sociais, é preciso compreender que, quando comunicamos a sustentabilidade, o objetivo sempre é melhorar algo, alguma situação, alguma ação. Independentemente do que esteja comunicando, o objetivo é o mesmo: evoluir.

O desafio da sustentabilidade é esse: como nós, seres humanos, poderemos melhorar o que estamos fazendo hoje?

A dica aqui é: leia este livro para aprender mais, conhecer conceitos e, o melhor, refletir sobre sua vida, sobre suas escolhas, sobre onde se trabalha, sobre o que quer para seu futuro.

Depois de mais de 20 anos como profissional da área de comunicação e *marketing*, posso afirmar que nós mudamos muito de ideia ao longo dos anos, o que era importante no início da carreira não será tão importante em 10 anos, mas a nossa essência continua, o objetivo final, aonde queremos chegar, nos acompanha durante o trajeto.

Os inúmeros pesquisadores, professores e profissionais da sustentabilidade sempre mantiveram esse objetivo final bem claro, o de que precisamos e vamos melhorar o mundo em que vivemos.

Para mim, escrever e falar de sustentabilidade sempre remete a uma esperança, por mais que o dia a dia não seja tão esperançoso assim e nos mostre muitas coisas ruins, ainda assim, sempre acreditei, e ainda acredito, que podemos evoluir e melhorar.

CAPÍTULO 1
FUNDAMENTOS DA SUSTENTABILIDADE

O termo sustentabilidade ficou bem conhecido no final dos anos 1980, com a divulgação da ONU do Relatório Brundtland, nosso futuro comum.

Esse relatório, de 1987, foi conduzido pela então primeira-ministra da Noruega, Gro Harlem Brundtland, e foi onde ficou, talvez, a mais famosa frase sobre sustentabilidade: "O desenvolvimento sustentável é o desenvolvimento que encontra as necessidades atuais sem comprometer a habilidade das futuras gerações de atender suas próprias necessidades".[3]

Até o final do século XX, ainda estávamos com um pensamento muito centrado no futuro, e a célebre frase de Go Harlem reflete esse pensamento de projeção de um futuro que pode ser mais desafiador, e principalmente das consequências das nossas ações. Entretanto, vamos entender mais para frente o quanto esse futuro está muito mais próximo do que imaginávamos.

Voltando no tempo, uma bióloga dos anos 1960 também percebeu o quanto o futuro poderia ter consequências desastrosas. Rachel Carson publicou em 1962, o livro *Primavera Silenciosa*, onde conta a história da sua fazenda que frequentava desde a infância no interior dos Estados Unidos e que, com o passar dos anos, começou a deixar de escutar os

---
3. Disponível em: https://brasil.un.org/pt-br/91223-onu-e-o-meio-ambiente.

pássaros que sempre escutava devido ao avanço da urbanização e das cidades naquela região.

O livro de Rachel é um grande marco na história da sustentabilidade. A autora não utiliza termos relacionados com a prática sustentável por causa da época, mas faz um relato bem detalhado do que viria a ser um dos grandes problemas dos séculos XX e XXI: a poluição e o crescimento desenfreado das cidades.

Em 2006, o ativista político Al Gore, ex-vice-presidente dos Estados Unidos, divulga o seu documentário intitulado *Uma Verdade Inconveniente*. Este documentário é um dos primeiros documentários globais a terem sucesso na disseminação do tema aquecimento global. Com uma linguagem leve e, em alguns momentos, até divertida, Al Gore mostra com dados científicos aonde a humanidade vai chegar (ou melhor aonde não vai chegar) se o planeta Terra aquecer de formar incontrolável.

Todas as pessoas citadas até aqui tiveram um papel importante na divulgação e na construção dos fundamentos da sustentabilidade, assim como pesquisadores e professores que vêm debatendo o tema desde anos 1970.

O século XX foi um importante período para reflexão de como as empresas privadas e suas atividades impactavam toda a sociedade. A seguir vamos apresentar alguns autores que começaram esse debate.

Davis e Blomstrom, em seu livro *Business and society: environment and responsibility*, de 1975, trouxeram o conceito de como as empresas eram responsáveis por ações fora do âmbito empresarial.

Figura 1.1: Responsabilidade e ambiente

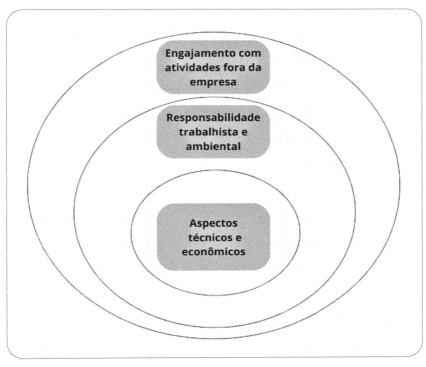

Fonte: Oliveira (2008, p. 71).

O que os autores propuseram foi que o cerne das empresas é trabalhar os aspectos técnicos e econômicos para sua sobrevivência, e isso faz parte da essência do modelo capitalista atual que vivenciamos no século XXI. Em seguida, a empresa deve pensar na sua responsabilidade perante seus funcionários e nas ações que impactam o meio ambiente. Só para depois abranger atividades que não necessariamente estão ligadas com as atividades da empresa, mas com um propósito mais abrangente que alcance mais pessoas.

Figura 1.2: Pirâmide modelo de responsabilidade corporativa social

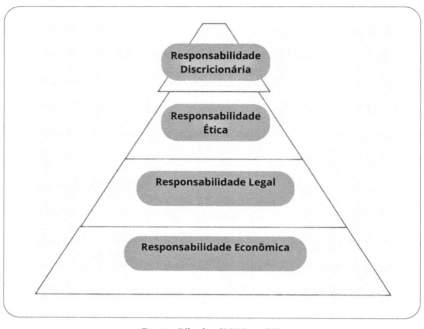

Fonte: Oliveira (2008, p. 72).

Assim, como para Davis e Blomstron, Caroll apresentou que a base das empresas estava relacionada com suas responsabilidades econômicas e legais (referentes à justiça), portanto, se uma empresa se estruturasse nesses parâmetros, poderia alcançar a responsabilidade ética e por último a responsabilidade discricionária, esta, sim, relacionada com atividades filantrópicas e fora das atividades da empresa.

Essas duas formas de se pensar a sustentabilidade, até então chamada de responsabilidade social, permearam a segunda metade do século XX, e ajudaram as corporações a pensarem no seu papel não apenas como criadoras de produtos e serviços, mas como instituições que poderiam ter uma troca muito intensa com a sociedade, e que poderiam beneficiar a todos.

No mesmo período cresciam os debates sobre o crescimento dos países desenvolvidos e em desenvolvimento, e o quanto isso impactava o meio ambiente.

Stuart Hart, publicou, na *Harvard Business Review*, um artigo chamado *Beyond greening: strategies for a sustainable world*, em 1997, para falar sobre a pegada verde e o impacto nos negócios. Para Hart, o "verde", ou sustentabilidade, deveria estar ligado à estratégia e ao desenvolvimento tecnológico das empresas, portanto, a inovação e a tecnologia poderiam ser a base para a criação de empresas mais sustentáveis.

Hart propôs que a humanidade daria um "salto verde" se as tecnologias limpas, como eólica, solar, hidrogênio verde,[4] chegassem à base da pirâmide, ou seja, a população mais pobre e com menos recursos materiais para sobrevivência. Esse seria um grande salto para a humanidade, porque as pessoas que mais precisam das práticas sustentáveis são as que menos têm acesso a elas.

As tecnologias limpas estão mais acessíveis hoje em dia, se comparado ao período em que Hart escreveu o artigo, entretanto, ainda estão longe de chegar à população mais pobre. O caminho ainda é longo para darmos o salto verde.

O fundamento mais conhecido de sustentabilidade foi disseminado por John Elkington, na mesma década de Hart, em 1999. O autor era um consultor empresarial que disse que, para a sustentabilidade se sustentar (vale o pleonasmo aqui), ela precisa de três pilares: o ambiental (o mais conhecido e debatido), o econômico (o mais interessante para as empresas) e o social (o mais deixado de lado até aquele período).

---

4. Hidrogênio verde é produzido a partir da eletrólise da água por meio de fontes renováveis, como eólica e solar, um processo de separação da molécula de água (H2O) em hidrogênio (H2) e oxigênio (O2) por meio da passagem de uma corrente elétrica na solução aquosa, e pode ser utilizado como substituto dos combustíveis fósseis nos meios de transporte. Disponível em: https://www.wwf.org.br/nossosconteudos/educacaoambiental/conceitos/hidrogenio_verde_/.

O conceito aborda que, para as práticas sustentáveis acontecerem, elas precisam estar embasadas no cuidado com o planeta (pilar ambiental), na dignidade humana (pilar social) e na prosperidade dos indivíduos e nações (pilar econômico).

Desses fundamentos, e de muitos outros que surgiram desde os anos 1970, acreditamos que o conceito que mais faz sentido para o momento que vivemos é o do economista polonês Ignacy Sachs (2007).

Para Sachs existem cinco dimensões da sustentabilidade:
1. **Sustentabilidade social:** ligada à equidade, ou diminuição do abismo entre ricos e pobres.
2. **Sustentabilidade econômica:** ligada ao gerenciamento mais eficiente dos recursos.
3. **Sustentabilidade ecológica:** ligada à capacidade de carga do planeta, como limitação do uso de combustíveis fósseis, redução do volume de resíduos e poluição, autolimitação no consumo material, tecnologia de baixo teor de resíduos e normas para uma adequada proteção ambiental.
4. **Sustentabilidade espacial:** ligada à configuração rural-urbana mais equilibrada.
5. **Sustentabilidade cultural:** ligada às mudanças ajustadas à especificidade de cada contexto socioecológico.

Além de trazer os três pilares da sustentabilidade, Sachs acrescenta a sustentabilidade espacial, pensando no crescimento urbano e em como isso afetaria o social, o ambiental e o econômico, e a sustentabilidade cultural que fala das particularidades de cada país, região, e também dos indivíduos.

Este conceito é mais importante porque transforma uma ideia muitas vezes irreal das práticas sustentáveis, como se para alcançá-las fosse uma tarefa quase impossível, e o que

Sachs mostra aqui é que a sustentabilidade é ajustável e flexível com a realidade de cada um tornando-a mais próxima de todos.

1.1. OS ODS – OBJETIVOS DO DESENVOLVIMENTO SUSTENTÁVEL

Em 2015, quando foram lançados os ODS – Objetivos do Desenvolvimento Sustentável, eu estava ministrando a disciplina Sustentabilidade e Consumo, no curso de Administração de Empresas em uma faculdade privada de São Paulo. Como sempre tudo o que surge novo gera um grande burburinho, porém pouca ação diante do fato. Levou muito tempo para empresas, instituições e até indivíduos entenderem o conceito dos ODS.

Lembro do dia em que apresentei os ODS pela primeira vez aos meus alunos, foi em novembro de 2015, a maioria deles enxergou os objetivos e as metas como algo muito complexo e difícil de ser alcançado. Quando se ministra aulas e palestras sobre sustentabilidade, é bem comum encontrarmos alunos e alunas com uma certa resistência ao tema. Isso acontece porque a maioria das pessoas não compreende a totalidade do tema e porque a educação básica nos coloca, desde a infância, em caixinhas separadas que muitas vezes não se comunicam, e quando falamos de sustentabilidade temos algo bem mais amplo e integrador.

O conceito do economista Ignacy Sachs fala da sustentabilidade com uma visão sistêmica, uma visão abrangente. Essa visão mostra que a sustentabilidade faz parte de um todo, não é algo que pode ser dividido, mas que na verdade deve permear todas as instituições da sociedade e todos os indivíduos, pois cada um de nós tem um papel importante na implementação da sustentabilidade.

Não existe uma forma única de compartilhar conhecimento sobre sustentabilidade, eu, por exemplo, sou formada em comunicação e posso disseminar como as empresas devem e podem divulgar suas práticas sustentáveis. Um engenheiro pode mostrar como implementar as ações sustentáveis, a forma prática de realizá-las, e um administrador, como mostrar como viabilizar as práticas, como conseguir financiamento e criar relacionamentos. Cada indivíduo tem seu papel único no caminho da sustentabilidade.

E foi pensando dessa forma que os 193 países-membros da ONU (Organização das Nações Unidas) definiram os 17 objetivos e as 169 metas globais.

Os 17 objetivos foram divulgados em setembro de 2015 e têm como prazo alcançar as metas até 2030, que ficou conhecida como Agenda 2030.

Tendo passado mais da metade do prazo para alcançar as metas, desde 2015, muitos dos objetivos estão longe de serem alcançados e há debates sobre a extensão do prazo.

Os objetivos contemplam os pilares ambiental, social e econômico da sustentabilidade e procuram envolver empresas, governos e indivíduos para ações a serem trabalhadas.

A criação dos ODS tem uma história longa: em setembro de 2000, 189 países aprovaram a Declaração do Milênio, na qual havia oito metas a serem alcançadas até 2015, ano da criação dos ODS. Essas metas eram:[5]

1. Erradicar a pobreza extrema e a fome.
2. Alcançar a educação primária universal.
3. Promover igualdade entre os sexos e autonomia das mulheres.
4. Reduzir a mortalidade infantil.
5. Melhorar a saúde materna.

---

5. Disponível em: https://brasil.un.org/pt-br/66851-os-objetivos-de-desenvolvimento-do-mil%C3%AAnio.

6. Combater HIV/AIDS, malária e outras doenças.
7. Garantir a sustentabilidade ambiental.
8. Estabelecer uma parceria global para o desenvolvimento.

Como é possível ver, essas metas se baseavam pelos desafios e problemas do início do século XXI, mas, conforme os anos foram passando, percebeu-se que os problemas eram mais complexos e que havia a necessidade de ampliar os objetivos e as metas.

As oito metas que estão descritas acimas fazem parte dos ODS, mas desta vez dentro de temas maiores e abrangentes.

A seguir vamos apresentar os 17 objetivos do desenvolvimento sustentável:

Figura 1.3: ODS 1 – Erradicação da pobreza

Fonte: https://brasil.un.org/pt-br/sdgs.

O ODS 1 aborda que qualquer prática sustentável deve partir do princípio de que não deva mais existir pobreza extrema, principalmente nos países menos desenvolvidos.

Figura 1.4: ODS 2 – Fome zero e agricultura sustentável

Fonte: https://brasil.un.org/pt-br/sdgs.

Alinhado com o objetivo 1, ao erradicar a pobreza, também erradicaremos a fome por meio de uma agricultura que promova a produção de alimentos sustentáveis e combata a desnutrição infantil e da população em geral.

Figura 1.5: ODS 5 – Saúde e bem-estar

Fonte: https://brasil.un.org/pt-br/sdgs.

Continuando a proposta do objetivo 2, aborda o combate à mortalidade materna e infantil além das doenças transmissíveis em grande escala e que, mesmo depois de muitos anos, afetam muitos países e regiões. Este ODS também trata sobre os sistemas de saúde e o atendimento da população.

Figura 1.6: ODS 4 – Educação de qualidade

Fonte: https://brasil.un.org/pt-br/sdgs.

Depois de as necessidades básicas[6] estarem satisfeitas, é possível pensar em desenvolvimento humano por meio da educação formal e básica, que é o foco deste ODS.

Figura 1.7: ODS 5 – Igualdade de gênero

Fonte: https://brasil.un.org/pt-br/sdgs.

Já com uma educação de qualidade que conseguiu permear toda a sociedade, é imprescindível falar de igualdade de gênero e combate à violência das mulheres.

---
6. Conceito disseminado por Abraham H. Maslow, Hierarquia das Necessidades Humanas. Segundo o autor, para o ser humano alcançar a realização pessoal, ele precisa ter as necessidades fisiológicas e de segurança realizadas previamente, o que seria a base da Pirâmide de Maslow.

Figura 1.8: ODS 6 – Água potável e saneamento

Fonte: https://brasil.un.org/pt-br/sdgs.

Depois de tratar temas mais direcionados para o pilar social, os ODS começam a trabalhar outros pilares da sustentabilidade, como o objetivo 6, de promover água potável, saneamento e higiene para todos.

Figura 1.9: ODS 7 – Energia limpa e acessível

Fonte: https://brasil.un.org/pt-br/sdgs.

Este ODS permeia o pilar ambiental, valorizando fontes de energia renováveis em substituição de combustíveis fósseis (como o petróleo), e o pilar econômico mostrando uma nova tendência de mercado. Vamos ver mais no capítulo sobre Economia Circular.

Figura 1.10: ODS 8 – Trabalho decente e crescimento econômico

Fonte: https://brasil.un.org/pt-br/sdgs.

Este ODS está alinhado ao 7 e procura consolidar o pilar econômico como um norteador das práticas sustentáveis, ou seja, é necessário pensar no crescimento econômico que ajude a todos e não apenas poucos beneficiários.

Figura 1.11: ODS 9 – Indústria, inovação e infraestrutura

Fonte: https://brasil.un.org/pt-br/sdgs.

Assim como os objetivos 7 e 8, este ODS trata do desenvolvimento da indústria, da inovação e da geração de valor, reforçando o pilar econômico, mas sem esquecer os pilares ambiental e social.

Figura 1.12: ODS 10 – Redução das desigualdades

Fonte: https://brasil.un.org/pt-br/sdgs.

Este objetivo procura apresentar metas que proponham como reduzir as desigualdades entre os países, pois muitos ainda precisam promover a inclusão social e política.

Figura 1.13: ODS 11 – Cidades e comunidades sustentáveis

Fonte: https://brasil.un.org/pt-br/sdgs.

No caminho de reduzir desigualdades está a construção de cidades que são mais seguras, sustentáveis e resilientes a desastres ambientais e sociais.

Figura 1.14: ODS 12 – Consumo e produção responsável

Fonte: https://brasil.un.org/pt-br/sdgs.

Alinhado às cidades sustentáveis é preciso manter produções e produtos mais responsáveis e que colaborarem com o planeta e o crescimento econômico.

Figura 1.15: ODS 13 – Combate à mudança climática

Fonte: https://brasil.un.org/pt-br/sdgs.

Um dos objetivos mais falados atualmente é o combate às mudanças climáticas e as consequências para o planeta nos três pilares da sustentabilidade.

Figura 1.16: ODS 14 – Vida na água

Fonte: https://brasil.un.org/pt-br/sdgs.

A preservação ambiental não poderia estar de fora dos ODS, e aqui é destacada a preservação dos oceanos, dos rios e dos mares.

Figura 1.17 : ODS 15 – Vida sobre a Terra

Fonte: https://brasil.un.org/pt-br/sdgs.

Continuando sobre preservação ambiental, a preservação das florestas e matas nativas é um dos caminhos para que o ODS 13 consiga alcançar sua meta.

Figura 1.18: ODS 16 – Paz, justiça e instituições fortes

Fonte: https://brasil.un.org/pt-br/sdgs.

A consolidação de uma segurança pública é primordial para que todos os ODS aconteçam de forma eficaz, e para isso é necessária uma sociedade mais pacífica.

Figura 1.19: ODS 17 – Parcerias e meios de implementação

Fonte: https://brasil.un.org/pt-br/sdgs.

É um objetivo transversal que prioriza a agenda de ajuda mútua entre as nações, consolidando que os ODS não acontecem sozinhos, mas, sim, em sincronia com todas as instituições e os atores sociais envolvidos.

Os ODS vão impactar nossas vidas de diferentes maneiras porque trazem questões reais de vários países, a questão levantada pelos ODS é o pensamento sistêmico e integrador.

Outro ponto levantado é que os objetivos e as metas procuram alinhar o discurso político com ações práticas, por isso a criação das metas, temos um norte para seguir e mensurar.

Para saber mais sobre os objetivos e as metas relacionadas, acesse o QR Code 1 ou o *link*:

https://brasil.un.org/pt-br/sdgs

Os ODS podem nos trazer a criação de oportunidades e do surgimento de um novo modelo mental, novos valores que começam a adentrar na sociedade e na economia global.

Outro ganho com os ODS é que as políticas públicas e empresariais poderão ficar mais transparentes e mais próximas da população.

Outra forma de ver e analisar os ODS é pelo olhar dos professores e pesquisadores Johan Rockstrom e Pavan Sukhdev. Chamado de "O bolo de casamento dos ODS", a figura propõe que devemos colocar em prática os ODS por meio de camadas, como se fosse um bolo, para que cada etapa, assim que alcançada, possa levar ao próximo passo.

Veja a figura proposta pelos autores:

Figura 1.20: O bolo de casamento dos ODS

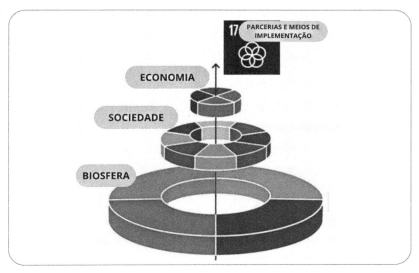

Fonte: Johan Rockstrom e Pavan Sukhdev. https://www.stockholmresilience.org/research/research-news/2016-06-14-the-sdgs-wedding-cake.html

Os autores propõem que devemos olhar e alcançar primeiramente os objetivos relacionados com a biosfera, como os ODS 6, 13, 14 e 15. O próximo passo é trabalhar o âmbito social, os ODS 1, 2, 3, 4, 5, 7, 11 e 16. Para só então chegar no topo e trabalhar o âmbito econômico onde estão atrelados os ODS 8, 9, 10 e 12.

O ODS 17 é o que permeia todas as "camadas deste bolo" e deve ser priorizado para que as práticas sustentáveis realmente sejam eficientes.

A ideia dos autores foi proposta em 2016 e foi muito importante para nortear as instituições de como agir diante das inúmeras possibilidades dos ODS.

E se pensarmos nessa proposta, ela está bem interligada com a essência humana de sobrevivência no planeta Terra, pois precisamos, primeiramente, de ar, água e comida, para depois alcançarmos os outros pilares da sustentabilidade, e além disso precisamos de uma cooperação mútua entre indivíduos e instituições para que ações concretas sejam realizadas e tenham um resultado positivo.

Ainda falando dos ODS, desde 2017, o Grupo de Trabalho da Sociedade Civil para a Agenda 2030 do Desenvolvimento Sustentável lança anualmente um relatório que analisa como está o andamento das metas dos ODS. Esse relatório é denominado Relatório Luz da Sociedade Civil da Agenda 2030 de Desenvolvimento Sustentável Brasil.

O relatório foi publicado em 2023 e apresentou o panorama das 169 metas dos ODS.

Os relatórios classificam as metas em:
- Retrocesso, portanto, não foram alcançadas ou até mesmo interrompidas.
- Ameaçada, quando não houve retrocesso, mas há risco de não a alcançar.
- Estagnada, não houve melhoria nos indicadores ou retrocesso.
- Progresso insuficiente, apresenta pouco desenvolvimento ou não há dados suficientes para analisá-la.
- Progresso satisfatório, há chances de ser alcançada até 2030.

O relatório apresentou que 102 metas (60,35%) estão em situação de retrocesso, 14 (8,28%) encontram-se ameaçadas, 16 (9,46%), estagnadas em relação ao período anterior, 29 (17,1%) com progresso insuficiente, apenas 3 (1,77%) com progresso satisfatório, e 4 (2,36%) não apresentam dados suficientes para classificação, e apenas 1 meta não se aplica ao Brasil.

O Brasil se apresentou no relatório como um grande desafio para os ODS. Todos os objetivos possuem metas em retrocesso, o que pode ser um grande problema, se pensarmos que para alcançar a Agenda 2030 temos menos de seis anos para realizar transformações profundas na gestão ambiental, social e econômica do país.

Entretanto, no ODS 17, o Brasil tem metas satisfatórias que mostram que muitas instituições e indivíduos estão trabalhando para que as metas sejam cumpridas e alcançadas.

O relatório não deve ter uma função de mensageiro do caos, mas, sim, uma bússola que nos ajude a enxergar e melhorar o que ainda está faltando para comprimirmos os ODS de maneira eficaz.

As lideranças (tanto sociais quanto empresariais) começam a perceber os riscos de não fazer nada e estão começando a alinhar os ODS com a essência dos negócios, e não apenas como uma prática a ser seguida porque está na moda.

Desde 2015, quando começaram os ODS, há um entendimento de que novas leis e demandas sociais estão surgindo e aumentando, e ao mesmo tempo uma compreensão da necessidade de colaboração e integração dos *stakeholders* (de todos os atores sociais) para que parcerias, principalmente as público-privadas, sejam solidificadas, portanto, concretizadas.

Os ODS são a proposta de um surgimento de um novo paradigma e a oportunidade de alinharmos discurso político com ações práticas.

1.2. ECONOMIA CIRCULAR

A economia circular é um novo conceito que surgiu por volta de 2013, quando pesquisadores começaram a pensar em uma nova proposta econômica que possa substituir o capitalismo atual, ou, pelo menos, ajude este modelo econômico a ser menos problemático.

Para o professor Ricardo Abramovay (2014), a economia circular é: "Uma logística reversa global que é incorporada às cadeias globais de valor e que influencia a estratégia do design dos produtos, seu consumo e a recuperação dos materiais em que se apoia".

Essa logística reversa global que cita o professor é elaboração de um *design* de produtos que tenha como objetivo eliminar a noção de lixo, ou seja, um produto é produzido para que seus componentes, ao serem descartados, não virem lixo, mas, sim, a base de outros produtos que serão produzidos.

É um processo que vai além do conceito de reciclagem. Por exemplo, a reciclagem de latinhas (alumínio), da qual o Brasil é campeão –[7] essa é uma boa notícia –, porém muitos produtos ainda não são devidamente reciclados e a economia circular tem o papel de formular produtos que nem precisassem de reciclagem, com uma logística bem estruturada, os produtos poderiam ter componentes que fizessem parte ou fossem essenciais para outros produtos, e não necessariamente os mesmos.

O caminho para a economia circular depende de:
1. Tecnologia e disseminação da internet das coisas.
2. Engajamento de atores econômicos.

A tecnologia é a base da economia circular. Para que ela aconteça, os produtos e serviços devem estar conectados por meio da internet para que possam ser identificados, monitorados e rastreados para chegar no destino correto, que não é o lixo ou aterro sanitário, mas, sim, fábricas e indústrias que vão utilizar aqueles componentes, principalmente os eletrônicos, que são tão complexos de reciclar e encontrar centros de reciclagem.

---

7. Disponível em: https://abrasel.com.br/revista/mercado-e-tendencias/brasil-e-campeao-mundial-na-reciclagem-de-latas-de-aluminio/#:~:text=%C3%8Dndice%20de%20reciclagem%20de%20latas,Em%20terceiro%2C%20os%20Estados%20Unidos.

Outro ponto essencial da economia circular é o engajamento de todos os atores econômicos, portanto, é necessário um pensamento sistêmico e abrangente para que empresas, organizações não governamentais, instituições governamentais e indivíduos estabeleçam seu papel e sua contribuição na agenda da economia circular.

Portanto, há uma necessidade de todos nós entendermos qual é o nosso papel para uma sociedade mais sustentável.

A Fundação Ellen MacArthur[8] informa os benefícios da economia circular:
- Redução do custo dos materiais, dos componentes dos produtos.
- Redução dos custos em garantias para as empresas.
- Melhoria na interação com os consumidores, o diálogo promovido pela economia circular é mais profundo.
- Melhoria na confiança dos consumidores, o consumidor saberá de onde vem o produto e seu histórico.
- Maior gerenciamento do ciclo de vida dos produtos, há uma necessidade de se entender como um produto é produzido e como será descartado.
- Geração de oportunidades em soluções customizadas; a produção em massa se transforma em uma produção que valoriza todo o processo.

Previamente ao conceito de economia circular, Michael Kramer e Michael Porter (considerado o pai da estratégia empresarial) divulgaram o conceito de valor compartilhado que está em harmonia com a proposta de uma nova economia. Esse conceito foi lançado em 2011 na revista *Harvard Business Review*. Nesta edição os autores explicam o que seria valor compartilhado e como seria possível aplicá-lo nas empresas.

---
8. Disponível em: https://www.ellenmacarthurfoundation.org/pt.

O princípio do valor compartilhado envolve a criação de um valor econômico no caminho que cria valores para a sociedade levando em conta suas necessidades e desafios, portanto, negócios devem conectar sucesso econômico com progresso social.

Para Porter e Kramer, o valor compartilhado não é responsabilidade, filantropia ou sustentabilidade, mas um novo caminho de se conseguir um sucesso econômico.

> O conceito de valor compartilhado pode ser definido como políticas e práticas operacionais que melhoram a competitividade de uma empresa enquanto simultaneamente avançam as condições econômicas e sociais das comunidades em que operam (Porter e Kramer, 2011, p. 6, tradução nossa).

Esse conceito perpassa os preceitos e as ações de uma economia circular, na economia circular a proposta tange a questões ambientais que, para serem implementadas, precisam dos pilares econômico e social da sustentabilidade. E mesmo que os autores digam que não é sustentabilidade, o valor compartilhado leva consciência às empresas, às quais todos estamos conectados, de que o sucesso econômico pode ser alcançado por meio de práticas sustentáveis que ajudem a sociedade de uma maneira profunda.

São Paulo é a primeira cidade a integrar a rede da Ellen Macarthur Foundation como parceira estratégica a um grupo que já inclui empresas globais e organizações filantrópicas.

Para saber mais, acesse o QR Code 2 ou o *link*:

https://www.ellenmacarthurfoundation.org/pt/noticias/novo-mini-documentario-mostra-transformacao-circular-do-sistema-de-alimentos-em-sao-paulo

1.3. ENVIRONMENTAL, SOCIAL AND GOVERNANCE – ESG

Nos últimos três anos, a palavra ESG começou a ficar bem conhecida e popularizada e acabou se tornando um sinônimo para sustentabilidade, mas o que significa ESG?

Esta é uma sigla em inglês para *Environmental, Social and Governance* (meio ambiente, social e governança). Essa sigla teve início no mundo financeiro, pois compreende uma metodologia de investimento que abrange fatores de sustentabilidade como forma de identificar empresas com modelos de negócios superiores, oferecendo uma visão adicional sobre a qualidade da gestão, a cultura e o perfil de risco de uma empresa, o que vem influenciando a forma como gestores de ativos e investidores avaliam as carteiras de investimentos.

Dados interessantes:

- Os investimentos do tipo ESG deram um salto globalmente em 2020.
- Segundo a Index Industry Association (IIA), até setembro de 2020, foi registrado um aumento de 40% no número de índices com esse perfil, frente a um aumento de 13,9% no ano anterior.
- Segundo a pesquisa "Realidade Sustentável: 2020 Update", do Morgan Stanley, que analisou 1,8 mil fundos de investimento e fundos de índice no primeiro semestre de 2020, o retorno médio de fundos de ações com práticas ESG analisados superou em 3,9 pontos percentuais a rentabilidade de outros fundos, reforçando a narrativa capitalista consciente de resiliência das empresas, em especial em tempos de crise.[9]

---

9. Disponível em: https://experience.hsm.com.br/trails/inovacao-e-o-futuro-da-energia-limpa/post/a-lideranca-na-jornada-esg-1.

Esses dados apresentam como o ESG cresceu e se disseminou, mas o mais importante é que esta sigla fez com que investidores olhassem para a temática da sustentabilidade com mais apreço, ou seja, o tema se tornou mais relevante, e o mundo financeiro conseguiu enxergar que empresas mais sustentáveis geram lucro e sucesso financeiro. Lembra do conceito de valor compartilhado do Porter?

Segundo o relatório *Measuring Stakeholder Capitalism* da KPMG,[10] há cinco passos para medir como as práticas ESG podem ser implantadas e analisadas:

1. Analisar os temas materiais que impactam a empresa e a sociedade.
2. Verificar as lacunas, ou seja, o que a empresa ainda precisa fazer para alcançar o ESG e definir quais métricas serão utilizadas.
3. Verificar a viabilidade para fechar as lacunas e quem serão os responsáveis.
4. Melhorar os sistemas de relatório e controles internos.
5. Inserir métricas aos relatórios tradicionais e de sustentabilidade.

O passo 1 está relacionado a compreender em quais temas e estratégias é possível a empresa trabalhar, isso passa por uma análise criteriosa interna e a escolha de temas relevantes para o sucesso na aplicação prática.

Depois de escolher os temas mais importantes, a empresa deve entender o que ainda não alcançou e o porquê de não ter alcançado; feita essa análise, deve estabelecer formas de medir como as práticas serão alcançadas, deve trazer um plano de mensuração por etapas para a compreensão de todas as áreas envolvidas. E isso está ligado ao passo 3,

---

10. Disponível em: https://kpmg.com/xx/en/home/insights/2021/03/wef-ibc-common-metrics.html.

que é definir os responsáveis e as áreas que irão atuar nos temas materiais.

O passo 4 afirma sobre a etapa de controle interno – definir as métricas é importante –, mas é mais necessário que haja um controle interno para entender a real situação.

O último passo, acredito que o mais complexo para as empresas, é a divulgação de métricas em relatórios tradicionais e de sustentabilidade.

Muitos relatórios (veremos mais sobre eles nos próximos capítulos) descrevem muito bem as práticas de ESG, porém não apresentam dados quantitativos e qualitativos de como está o andamento das práticas além de um comparativo com anos anteriores.

O ESG veio para mostrar que as práticas sustentáveis podem ser mensuradas, e isso levou a sustentabilidade para um outro patamar.

Não apenas pesquisadores e defensores da causa compreendem o que é sustentabilidade, com o ESG o olhar financeiro e quantitativo pode ajudar cada vez mais empresas a implementarem a sustentabilidade, pois esse olhar se direcionou para a estratégia empresarial e conseguiu disseminar o tema de maneira mais abrangente.

1.4. EXERCÍCIO DE ASSIMILAÇÃO

Aplique e analise os ODS.

Quando a ONU apresentou os ODS, em 2015, muitas empresas e profissionais ficaram receosos de como poderiam implementar 17 objetivos e 169 metas, mas na verdade os ODS são uma metodologia de orientação, portanto, o que está descrito nos objetivos e nas metas devem ser seguidos, mas não é necessário que cada empresa ou instituição siga os 17 objetivos. A ideia dos elaboradores dos ODS é que cada grupo, empresa e/ou instituição possa contribuir com o objetivo que esteja alinhado com sua estratégia de negócio.

Exemplo: se uma empresa trabalha com prestação de serviços de médio porte, ela pode trabalhar diretamente o ODS 4 – Educação de qualidade, ao realizar projetos de educação na comunidade que atua ou até mesmo com os colaboradores, o ODS 5 – Igualdade de gênero, ao trabalhar programas de recrutamento que ajudem mulheres cis e trans a chegarem em cargos de liderança, e o ODS 8 – Trabalho decente e crescimento econômico, ao promover programas de colaboração com pequenas empresas.

Esses ODS podem estar diretamente ligados à estratégia de negócio da empresa, e ela já colabora para uma sociedade mais sustentável e para o alcance das metas em 2030.

A mesma empresa de serviços pode trabalhar indiretamente outros objetivos como ODS 1 – Erradicação da pobreza, ODS 11 – Consumo e produção responsáveis, e ODS 13 – Combate às mudanças climáticas com ações de voluntariado ou até mesmo projetos ambientais e sociais que a empresa pode realizar em conjunto com organizações sociais.

Para este exercício de assimilação serão apresentados dois casos de CEOs que implementaram as práticas sustentáveis nas respectivas empresas e em seu cotidiano.

O seu desafio é encontrar e informar quais ODS estão implícitos nos casos apresentados.

Você deve apresentar no mínimo três e justificar a sua escolha para entender por que escolheu estes objetivos.

Este exercício é um momento de reflexão e análise, e você pode assimilar o conhecimento aprendido neste capítulo.

CASO 1

"A agenda ESG não é de competição, mas de colaboração."

À frente da Danone no Brasil, Edson Higo afirma que não foi o fato de trabalhar em uma das empresas mais reconhecidas globalmente por sua preocupação com o meio ambiente que o fez adotar em casa práticas sustentáveis. "Acho que foi o contrário. Sempre tive essa consciência e fico feliz que a empresa tenha essa preocupação. Essa visão da Danone facilita demais (o trabalho), porque está alinhada com a forma como vejo o mundo e como encaro o impacto que uma companhia pode ter para mudar as coisas."

Há 10 anos, Higo liderou um *lobby* no prédio em que morava para adotar a separação do lixo reciclável. "Era um prédio antigo, que não tinha isso." Em casa, o filho do executivo já sabe que toda pilha usada precisa ser colocada em uma caixinha para, depois, ser levada a um local de descarte apropriado. No transporte, Higo passou a usar, há três meses, carro elétrico. A mudança o obriga a se organizar para viajar: é preciso garantir que haverá no trajeto locais para carregar a bateria do veículo. "Para ir para o Rio de Janeiro, paro duas vezes para recarregar. Isso atrasa a viagem em uma hora e pouco. Então tenho de sair com antecedência e torcer para não ter um carro na estação de recarga rápida."

Já no trabalho, o executivo foi um dos responsáveis por um projeto que conseguiu que uma fábrica de Poços de Caldas (MG) neutralizasse as emissões de carbono, reduzisse o uso de água e zerasse o descarte de resíduos em aterro. A unidade da Danone, onde são produzidas fórmulas da nutrição infantil, recebeu um selo da consultoria Carbon Trust.

Agora, Higo trabalha para fazer a mesma transformação em uma planta de iogurtes.

No campo, por sua vez, Higo tem liderado um trabalho de capacitação de fazendeiros fornecedores da Danone para que eles também tenham uma gestão sustentável, promovendo o bem-estar dos animais sem danificar o solo. "Estamos com um projeto-piloto no interior de Minas Gerais (na cidade de Guaranésia), e a ideia é aumentá-lo. Queremos ter 40 produtores de leite participando. Estudos mostram que a produção aumenta em 17% quando adotadas as medidas corretas."

Para o presidente da Danone no Brasil, para a agenda de sustentabilidade avançar no ambiente corporativo do País, é preciso que as empresas atuem de forma mais coletiva. "Essa agenda não é de competição, mas de colaboração. Sempre falo para o nosso time que não vamos conseguir mudar tudo sozinhos. Não tenho pretensão de ser a empresa que está fazendo tudo da melhor forma. Quero aprender com os outros também."

A Danone Brasil foi certificada, no ano passado, como Empresa B, isto é, uma empresa que gera voluntariamente impactos positivos na sociedade e no meio ambiente. Segundo Higo, a Danone tem procurado trocar experiências com companhias que também já receberam o selo.

Fonte do texto: https://www.estadao.com.br/infograficos/economia,sustentabilidade-as-medidas-adotadas-pelos-ceos-em-casa,1235691.

Quais ODS são citados de forma implícita neste caso?

_____

_____

_____

Justifique.

_____

_____

_____

_____

CASO 2

"As práticas têm de ser boas e viáveis para se sustentarem no longo prazo."

O filme Dersu Uzala, do diretor japonês Akira Kurosawa, marcou a vida e a relação com o meio ambiente do presidente do conselho da BlackRock no Brasil, Carlos Takahashi. Para o executivo, a cena-chave do longa é uma em que o protagonista – um membro do povo originário Nanai – recomenda um explorador do exército russo a deixar alimentos em uma cabana, ainda que a dupla esteja indo embora. A ideia é que os produtos possam alimentar quem chegar ao local com fome. "Nós também temos de deixar a cabana pronta para quem vier depois da gente", diz Takahashi.

Uma das medidas que Takahashi adota para tentar garantir a preservação do ambiente para as próximas gerações é o uso do carro elétrico. "As práticas têm de ser boas e viáveis para se sustentar no longo prazo. Essa é uma alternativa viável e boa para mim, ainda que tenha a questão de como o carro é produzido", pondera.

Maior gestora de ativos do mundo, a BlackRock coloca a agenda ESG como central em seus negócios. Na carta que envia anualmente a acionistas, o presidente global da gestora, Larry Fink, escreveu, em 2020, que, "dado o crescente impacto da sustentabilidade no retorno dos investimentos, acreditamos que a base mais forte para os portfólios dos nossos clientes no futuro é o investimento sustentável".

Desde aquele ano, a BlackRock passou a verificar se as empresas em que investe estão comprometidas com o Acordo de Paris, que pretende limitar o aumento da temperatura do planeta a 2°C. Quando as companhias não se alinham a isso, a gestora responsabiliza os executivos das empresas, votando contra eles nas reuniões de conselho.

Coube a Takahashi implementar essa prática no Brasil. "Primeiro fazemos recomendações. Se vemos que a empresa não evolui na direção correta, pedimos a troca dos dirigentes. Acreditamos na forma construtiva de fazer essa transição e não queremos, na largada, deixar alguém fora do jogo." De acordo com o executivo, a intenção é fazer com que as companhias entendam os riscos e as oportunidades que a economia verde traz.

Fonte do texto: https://www.estadao.com.br/infograficos/economia,sustentabilidade-as-medidas-adotadas-pelos-ceos-em-casa,1235691.

Quais ODS são citados de forma implícita neste caso?

Justifique.

REFERÊNCIAS BIBLIOGRÁFICAS

ABRAMOVAY, R. Acordo pela economia circular. **Revista Página 22**, edição 83, março de 2014. Disponível em: https://pagina22.com.br/2014/03/19/um-acordo-pela-economia-circular/. Acesso em: 4 abr. 2025.

CAROLL, A. The pyramid of corporate social responsibility: toward the moral management of organizational stakeholders. **Business Horizons**, July 1991.

DAVIS, K.; BLOMSTROM, R. L. **Business and society:** environment and responsibility. New York: McGraw-Hill, 1975.

ELKINGTON, J. **Canibais com garfo e faca**. Tradução: Patrícia Martins Ramalho. São Paulo: Makron Books, 2001.

GRUPO DE TRABALHO DA SOCIEDADE CIVIL PARA A AGENDA 2030 – GTSC A2030. **VII Relatório Luz da Sociedade Civil da Agenda 2030 de Desenvolvimento Sustentável Brasil**, 2023. Disponível em: https://gtagenda2030.org.br/relatorio-luz/relatorio-luz-do-desenvolvimento-sustentavel-no-brasil-2023/. Acesso em: 20 abr. 2024.

HART, S. L. Beyond greening: strategies for a sustainable world. **Harvard Business Review**, p. 67-76, January-February 1997.

KPMG. **Measuring Stakeholder Capitalism:** implementation guide for sustainable value creation, 2022. p. 19. Disponível em: https://kpmg.com/xx/en/home/insights/2021/03/wef-ibc-common-metrics.html. Acesso em: 4 abr. 2025.

OLIVEIRA, J. A. P. **Empresas na sociedade:** sustentabilidade e responsabilidade social. Rio de Janeiro: Elsevier, 2008.

PORTER, M. E; KRAMER, M. R. Creating Share Value. How to invent capitalism as unleash a wave of innovation and growth. **Harvard Business Review**. January-February 2011.

ROCKSTROM, J.; SUKHDEV, P. **The SDGs wedding cake**. Disponível em: https://www.stockholmresilience.org/research/research-news/2016-06-14-the-sdgs-wedding-cake.html. Acesso em: 4 abr. 2025.

SACHS, I. Rumo à ecossocioeconomia: teoria e prática do desenvolvimento. FREIRE, P. (Org.). São Paulo: Cortez, 2007.

CAPÍTULO 2

O PAPEL DO *MARKETING* E DA COMUNICAÇÃO PARA A SUSTENTABILIDADE

No primeiro capítulo vimos a importância do tema sustentabilidade e seus principais conceitos. Neste capítulo vamos entender como o *marketing* e a comunicação são ativos principais para a disseminação da sustentabilidade e para conseguir engajar os públicos nas mais variadas práticas sustentáveis.

Precisamos entender basicamente o que é comunicação na sua essência. A etimologia da palavra comunicação mostra que o significado quer dizer tornar comum, disseminar, e isso significa que a principal função da comunicação é o intercâmbio de informações.

A comunicação é a principal ferramenta entre empresas e instituições para tornar comuns suas ações e práticas, e esta comunicação pode ser a mais simples, como uma comunicação direta entre públicos, até a mais elaborada campanha publicitária para a venda de um produto ou serviço.

Há alguns anos a comunicação corporativa tinha um caminho único, muito de monólogo, ou seja, a comunicação era unilateral, só as empresas realizavam a comunicação. Com o Código de Defesa do Consumidor no Brasil, de 1990, e o crescimento da internet e das mídias sociais este tipo de comunicação não consegue sobreviver, atualmente a comunicação assume sua função primordial de troca de informações, portanto, um diálogo entre os mais variados públicos, onde todos podem interagir e construir relações.

Para a professora Margarida Kunsch (2003, p. 71), a comunicação:
> Trata-se de um processo relacional entre indivíduos, departamentos, unidades e organizações. Se analisarmos profundamente esse aspecto relacional da comunicação do dia a dia nas organizações, interna e externamente, perceberemos que elas sofrem interferências e condicionamentos variados, dentro de uma complexidade difícil até de ser diagnosticada, dado o volume e os diferentes tipos de comunicações existentes, que atuam em distintos contextos sociais.

É partir da construção desse processo relacional que a comunicação tem um papel muito importante para a disseminação da sustentabilidade.

Entretanto, antes de uma empresa ou instituição começar a falar ou disseminar a sustentabilidade para o seu público-alvo, a empresa precisa compreender e entender seu processo organizacional.

A primeira etapa é entender que são sistemas sociais e relacionais complexos que possuem história e memória organizacional e enfrentam constantes mudanças sociais externas que afetam os processos internos.

Para o professor Mitsuru Yanaze (2021, p. 466), uma forma de a empresa entender o que é importante comunicar é por meio dos fatos comunicáveis.

Os fatos comunicáveis são ações ou realizações que sejam merecedoras de menção e de referência. Para cada fato a ser comunicado é necessário ser escolhido um meio, um canal de comunicação, um público a ser alcançado e determinar quais são os objetivos da comunicação que este fato quer obter.

Segundo Yanaze (2021), para entender qual fato merece referência, devemos compreender o processo sistêmico empresarial. A figura abaixo apresenta este sistema:

Figura 2.1: Processo sistêmico empresarial

![Figura 2.1: Processo sistêmico empresarial - diagrama mostrando INPUTS (Recursos Financeiros, Investimento e Capital de giro; Recursos Humanos Administrativos Operacionais; Recursos Materiais, Infraestrutura, Equipamentos, Matéria-prima, Insumos, Embalagens, Veículos; Informações; Tecnologia) entrando na EMPRESA, com THROUGHPUTS (Processos de Produção de Compras; Sistemas Administrativos Financeiros Contábeis; Políticas de Gestão, Vendas, Lucro, Relacionamento com a comunidade; Clima Empresarial; Logística; Cultura Organizacional) e OUTPUTS (Produtos/Serviços, Precificação/Remuneração, Distribuição/Vendas, Comunicação)]

Fonte: Yanaze (2021, p. 59)

A figura mostra como acontece o processo. Os *inputs* são os recursos e as informações que vêm de fora da empresa para acrescentar e melhorar os processos internos. Os processos internos são os *Throughputs*, que englobam os sistemas e as políticas internas, assim como a tão importante cultura organizacional que será transmitida pelos *Outputs*, que são tudo o que sai da empresa, como exemplo, os produtos e serviços, e a própria comunicação, que é o que a empresa deseja transmitir para seus públicos externos de interesse.

Em cada uma das etapas do processo sistêmico empresarial, pode haver um fato a ser comunicado. É mais comum encontrarmos a comunicação externa e voltada ao mercado e clientes de uma empresa, pois essa comunicação é mais fácil de se popularizar e tem como objetivo ser divulgada fortemente.

Com as muitas mudanças de mercado e comportamento consumidor (vamos falar mais nos próximos tópicos do capítulo), as empresas entenderam e começaram a trabalhar não somente a comunicação para venda de produtos, a comunicação mercadológica, mas, sim, a comunicação que ajude a melhorar a imagem e a reputação de uma empresa.

Para Yanaze (2021, p. 469): "A disseminação adequada dos fatos comunicáveis aos públicos relacionados e compatíveis resulta na formação de uma imagem positiva da empresa em cada um dos seus segmentos representativos de seu universo de interesse."

CASO

Em 2020, a varejista brasileira Magazine Luiza lançou um programa de *trainee* voltado para pessoas negras com o objetivo de aumentar a diversidade racial dentro da empresa. A empresa divulgou amplamente este fato, que faz parte do seu processo empresarial, seu *input*, a forma como entram os recursos humanos na organização. A divulgação trouxe debate e repercussão positiva de muitas pessoas que apoiaram a causa, mas também houve críticas de racismo reverso, informando que uma empresa não poderia abrir vagas somente para uma determinada raça. Entretanto, o que aconteceu foi muito positivo para a empresa, pois o Ministério Público

Acesse o QR Code 3 ou o *link* para mais informações:

https://exame.com/negocios/mpt-conclui-que-trainee-para-negros-do-magalu-e-reparacao-historica/

do Trabalho conseguiu afirmar que esta ação foi uma reparação histórica e antirracista.

Os fatos comunicáveis podem ser uma ferramenta de análise da empresa e organização da sua comunicação com os públicos.

No quadro abaixo são apresentados exemplos de como fatos do mundo corporativo podem ser comunicados:

Quadro 1.1: Fatos e objetivos da comunicação

Fatos Comunicáveis	Objetivos de Comunicação	Público-alvo	Meios/ Instrumentos de Comunicação
Empresa investe em inovação e tecnologia	Suscitar interesse Proporcionar conhecimento	Meio acadêmico Imprensa Jornalistas Influenciadores	Publicações técnicas, editorias de tecnologia
Promoção de vendas	Criar desejo Conseguir a preferência Levar à decisão	Jornalistas Influenciadores Clientes	*Releases*, premiações na área de comunicação

Fonte: Elaborado pela autora, baseado em Yanaze (2021, p. 467).

Ao escolher um fato para ser comunicado, a empresa deve pensar quais serão os objetivos que devem ser alcançados ao comunicar, o que realmente a empresa deseja ao comunicar este fato.

Depois, a organização precisa pensar para quais públicos esse fato deve ser mencionado, quais públicos vão interagir com esse fato, quais são os públicos de interesse, o grupo de interesse. Para Fábio França (2004, p. 80):

 # DICA

No mundo das agências de comunicação e *marketing*, os objetivos, o que realmente queremos fazer, são chamados de racionais, ou seja, o que está por trás da ação de comunicação.

Grupos organizados de setores públicos e econômicos ou sociais que podem, em determinadas condições, prestar efetiva colaboração às organizações, autorizando a sua constituição ou lhes oferecendo o suporte de que necessitam para o desenvolvimento de seus negócios.

A escolha do público é muito importante para estruturar os objetivos e os meios de comunicação onde os fatos serão comunicados. Segundo França (2004), os públicos podem ser classificados em:
- **Clientes/Consumidores:** a base essencial para qualquer negócio, os clientes representam o núcleo da atividade comercial.
- **Funcionários:** o capital humano de uma empresa, cujos engajamento e satisfação afetam diretamente a produtividade e a cultura organizacional.
- **Acionistas:** investidores e proprietários da empresa, que têm interesse direto em seu desempenho financeiro e estratégico.
- **Imprensa:** responsável por moldar a imagem pública da empresa e comunicar suas atividades para o mundo exterior.
- **Governo:** reguladores e legisladores que podem impactar significativamente as operações e políticas da empresa por meio de regulamentações e leis.
- **Comunidade:** residentes locais e grupos de interesse que podem ser afetados pelas operações da empresa e suas práticas de responsabilidade social corporativa.
- **Meio acadêmico:** instituições educacionais e pesquisadores que podem colaborar com a empresa em projetos de pesquisa e desenvolvimento.
- **Fornecedores:** parceiros comerciais que fornecem os insumos necessários para a produção e operação da empresa.

Nessa classificação, os relacionamentos com o público podem ser:
- **Negócios:** relacionamentos voltados para transações comerciais e contratos.
- **Estratégico:** parcerias de longo prazo com impacto significativo na direção e nos objetivos da empresa.
- **Profissional:** relacionamentos baseados em normas e protocolos profissionais.
- **Institucional:** relações com instituições e organizações que influenciam o ambiente regulatório e político.
- **Promocional:** relações voltadas para a promoção da marca e *marketing*.
- **Legal:** relacionamentos que envolvem questões jurídicas e conformidade regulatória.
- **Político:** relações com entidades políticas e grupos de *lobby*.
- **Social:** envolvimento com a comunidade e iniciativas de responsabilidade social corporativa.
- **Operacional:** relacionamentos necessários para a condução das operações diárias da empresa.

Os relacionamentos com o público podem ser em nível total, onde as relações abrangentes que afetam todos os aspectos da empresa são de importância crítica para o seu sucesso, ou de nível parcial, que são relações importantes, porém não afetam de forma crítica as empresas.

Existe também o nível de dependência entre as relações das empresas com seus públicos:
- **Essencial de sustentação:** relações que são fundamentais para a continuidade das operações básicas da empresa.

- **Essencial construtivo:** relações que contribuem de forma significativa para o crescimento e desenvolvimento da empresa.
- **De interferência:** relações que podem representar desafios ou obstáculos para a empresa, exigindo gerenciamento cuidadoso.
- **Não essencial:** relações que têm pouco impacto direto nas operações ou no sucesso geral da empresa.

Pensado nos públicos, depois de escolher para qual público será disseminada a mensagem, o fato, é importante decidir qual será o meio, canal ou instrumento de comunicação a ser utilizado para disseminar o fato. Cada meio de comunicação tem sua importância neste processo e deve ser analisado previamente para ser considerado.

Segundo Yanaze (2021), os meios ou canais de comunicação podem estar classificados em:
- **Massa/Não segmentada:** meios de comunicação que não têm como objetivo segmentação do público.
- **Multidão/Fluxo de pessoas:** tem como objetivo atingir pessoas nos seus deslocamentos.
- **Público/Segmentada:** atinge pessoas com perfis semelhantes em um momento particular também.
- **Grupo/Específica/Dirigida:** direcionada para objetivos específicos, bem segmentada.
- **Individual/Pessoal:** visa ser mais específica do que anterior, exclusiva.

Considerando que os fatos comunicáveis são um caminho para entender o que uma empresa precisa ou deve comunicar, podemos agora compreender como o *marketing* se encaixa em tudo o que foi apresentado até agora.

Segunda a American Marketing Association (AMA),[11] o *marketing* é atividade, conjunto de instituições e processos para criar, comunicar, entregar, trocar ofertas que têm valor para consumidores, clientes, parceiros e sociedade em geral.

Portanto, *marketing* não é sinônimo de vendas, *telemarketing* ou *endomarketing*. O *marketing* é uma estratégia muito bem elaborada para trabalhar os produtos e serviços de uma empresa, assim como sua marca e as oportunidades de mercado que surgem constantemente.

O pai do *marketing*, Philip Kotler, é considerado um dos autores mais conhecidos e que mais abordaram sobre o tema; foi ele quem disseminou o conceito dos 4Ps de Jerome McCcarthy, que são: produto, preço, praça e promoção.

O 4Ps são a melhor forma para se pensar como o *marketing* trabalha. Primeiro, pensa-se no produto ou serviço, depois a forma de precificá-lo, assim que temos a elaboração de um produto ou serviço e damos um preço, precisamos pensar onde este produto será vendido, para qual "praça", região. A última etapa do *marketing*, e a mais conhecida, é a promoção, a divulgação desse produto, e está alinhada intrinsecamente com o que vimos dos fatos comunicáveis – aqui, o fato a ser comunicado faz parte dos *Outputs*.

O quadro abaixo apresenta uma nova adaptação dos conceitos de McCarthy por Robert Lauterborn e mostram que atualmente estamos na era dos 4 Cs.

---

11. Conheça a AMA: https://www.ama.org/.

Quadro 2.2: 4Cs

4 P(s) – Jerome McCarthy	4 C(s) – Robert Lauterborn
Produto	Cliente – solução para
Preço	Custo – para o cliente
Praça	Conveniência
Promoção	Comunicação

Fonte: Elaborado pela autora, baseado em Kotler e Keller (2006) e Robert Lauterborn (2017).

O propósito do *marketing* continua o mesmo, um foco na troca com clientes, por meio de uma comunicação eficaz e de produtos que alcancem a necessidade dos clientes.

Vimos aqui os principais conceitos de comunicação e *marketing*, no próximo tópico vamos ver como o *marketing* e a comunicação são utilizados para disseminar os conceitos e as práticas sustentáveis.

2.1. O PAPEL DA COMUNICAÇÃO DENTRO DA NOVA ECONOMIA

Vamos nos basear na Comunicação Integrada, conceito disseminado pela professora Margarida Kunsch da ECA-USP, para entendermos o papel da comunicação dentro de um novo contexto socioeconômico.

Figura 2.2: Mix da Comunicação Integrada

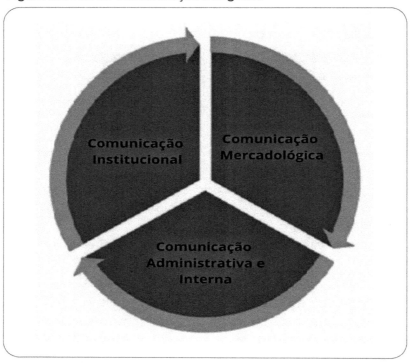

Fonte: Kunsch (2003, p. 151).

Segundo a professora, a comunicação integrada é formada pelo composto *mix* da comunicação, onde há comunicação institucional, comunicação mercadológica, comunicação administrativa e comunicação interna (Kunsch, 2003).

Cada uma das comunicações que compõem o *mix* da comunicação integrada tem um papel diferenciado e públicos exclusivos, portanto, tem canais de comunicação e objetivos distintos. Vamos abordar cada uma delas a seguir:

2.1.1. COMUNICAÇÃO ADMINISTRATIVA

"A comunicação administrativa é aquela que se processa dentro da organização, no âmbito das funções administrativas; é a que permite viabilizar todo sistema organizacional, por meio de uma confluência de fluxos e redes" (Kunsch, 2003, p. 152). Esta comunicação está ligada aos processos internos ou externos; como exemplos dessa comunicação, as normas adotadas pela empresa, como a ISO 14001 e até mesmo os selos e as certificações, como o FSC.[12]

CASO – SISTEMA B

Um exemplo de comunicação administrativa para a sustentabilidade é a certificação Sistema B. Esta certificação nasce do movimento B, que é uma proposta que tem como objetivo redefinir o conceito e a prática de sucesso na economia para que seja considerado o bem-estar da sociedade e do planeta, e não apenas êxito financeiro.

Atualmente, o Sistema B possui mais de 5 mil empresas certificadas em 79 países.

A certificação Empresa B ajuda as empresas a disseminarem a imagem que está colocando em prática um impacto positivo na sociedade e, portanto, gera mais confiança em investidores, colaboradores, fornecedores e consumidores.

O Sistema B tem a metodologia Avaliação de Impacto B (BIA) que ajuda empresas na mensuração do seu impacto social e ambiental.

Uma empresa que possui essa certificação, com certeza, apresenta um interesse e comprova que a maioria de suas ações tem um direcionamento para sustentabilidade.

---
12. Sigla para Forest Stweardshio Council, certificação que aprova que a madeira vem de reflorestamento e não de florestas nativas.

A comunicação administrativa é a forma mais concreta de disseminar a sustentabilidade, pois é a comunicação que pode comprovar as ações e práticas da empresa para seus públicos de interesse, porém não é uma comunicação que alcança o grande público. Geralmente é uma comunicação utilizada para públicos específicos, como fornecedores, parceiros e clientes.

Acesse o QR Code 4 ou o *link* para mais informações:

https://sistemabbrasil.org/

2.1.2. COMUNICAÇÃO INTERNA

A comunicação interna tem como objetivo interagir com os públicos internos, como funcionários, fornecedores, parceiros.

Ao utilizar a comunicação interna, a empresa procura melhorar o relacionamento entre pessoas e departamentos, e promover motivação, comprometimento dos públicos internos.

Entretanto, alguns autores consideram comunicação interna e administrativa sob o mesmo escopo e afirmam que "os públicos internos podem, em diferentes circunstâncias, ser destinatários e receptores de mensagens tanto de comunicação administrativa como mercadológica [...], e até institucional" (Yanaze, 2021, p. 419).

A comunicação interna é um desafio para a maioria das empresas, pois engajar pessoas na temática da sustentabilidade não é uma tarefa fácil, ainda mais convencê-las de que essas práticas são essenciais para o crescimento e a melhora da imagem da empresa.

Posso dar um exemplo de quanto o engajamento e a motivação precisam ser a base da comunicação interna para sustentabilidade.

Há muitos anos, no início da minha carreira na área de comunicação, trabalhei em uma loja de móveis de luxo, em São Paulo. Eu não atuava na área de sustentabilidade, na verdade nem existia ainda esse conceito, falávamos de outros aspectos, mas estavam muito em destaque as ações de reciclagem das empresas, grandes redes supermercadistas, havia ações para reciclagem (esta foi a inspiração da minha dissertação de mestrado).

A equipe de comunicação e *marketing*, da qual fazia parte, conseguiu uma parceria com uma empresa de reciclagem de papel, já que a loja naquela época, há quase 20 anos, utilizava muito papel para fazer os projetos de *design* e decoração de ambientes.

Essa parceria consistia em, semanalmente, a empresa ir retirar o papel do escritório, que seria descartado no lixo comum. A equipe falou com todos os funcionários, principalmente, os arquitetos, que eram quem fazia os projetos e utilizava muito papel. Foram criadas caixas de descarte específico para essa ação de reciclagem.

A equipe entendeu o processo e começou a descartar corretamente o papel não utilizado nas caixas específicas espalhadas pela loja. Entretanto, quando a zeladora da loja foi recolher o lixo, ela misturou o papel que ia para reciclagem e o que não ia, portanto, foi um trabalho perdido de separação correta de lixo.

O que aprendemos com esta lição? Podemos aprender que a comunicação interna deve ser para todos e principalmente ser uma comunicação constante de verificação e de aprendizado. Neste exemplo, vimos que a comunicação interna para quem usava o papel estava correta e foi funcional, porém foi esquecido ou não priorizado quem fazia parte do processo de coleta de lixo, e isso atrapalhou todo o processo.

CASO – PROGRAMA DE VOLUNTARIADO SANTANDER

A instituição financeira Santander atua desde 1998 com voluntariado corporativo.

O voluntariado corporativo é uma forma de engajar os funcionários para ações externas da empresa que contemplem o retorno positivo para a sociedade.

Acesse o QR Code 5 ou o *link* para mais informações:

https://voluntariadosantander.com.br/

No caso do Santander, são diversas ações que os colaboradores podem escolher para participar e ajudar quem mais precisa. Eles possuem um *site* exclusivo, onde é possível encontrar as ações e escolher qual mais se adéqua a sua rotina e valores.

2.1.3. COMUNICAÇÃO MERCADOLÓGICA

A comunicação mercadológica pode ser definida "como o processo de administrar o tráfego de informações com os públicos-alvo que compõem os mercados da empresa, isto é, com aquelas parcelas de público (interno e externo) potencialmente interessadas em reagir favoravelmente às negociações e transações oferecidas pela empresa ou entidade emissora" (Yanaze, 2011, p. 430).

Essa comunicação tem como objetivo se associar com a venda de algum produto ou serviço. Mesmo que seja um panfleto informativo, mas se relacionar com a venda de qualquer produto é considerado comunicação mercadológica.

A comunicação mercadológica, geralmente, é a que mais conhecemos de uma empresa, pois o foco desta comunicação é ser divulgada para o maior número de pessoas possíveis.

Empresas com práticas ou produtos sustentáveis atuam de forma integrada na comunicação e procuram dar ênfase na comunicação mercadológica de grande alcance do público.

A certificação do Sistema B, citado como exemplo na comunicação administrativa pode ser uma ação, ou fato comunicável, de uma empresa em uma campanha mercadológica. Exemplo: uma empresa pode anunciar um novo produto e ao mesmo tempo disseminar para seu público que possui a certificação e que é uma empresa empenhada na temática da sustentabilidade.

CASO – LAVADORA LG

Figura 2.3: Comercial da LG

Fonte: https://www.youtube.com/watch?v=AD-Bo0_Gy-E.

Este anúncio apresenta um produto que tem uma capacidade economia de água, no entanto, eles demostram essa economia levando o produto para um deserto onde tem pouca água, enfatizando uma de suas qualidades e promovendo o tema de restrição dos recursos hídricos.

Isso é uma comunicação mercadológica para a sustentabilidade, enfatizar o quanto o produto é sustentável e o benefício que isso gera para a sociedade.

A maioria das empresas atualmente procuram alinhar seus produtos e qualidades com aspectos da sustentabilidade, pois esta é uma forma de chegar ao grande público, principalmente clientes, e se apresentar como uma empresa sustentável e de alguma forma se destacar diante dos concorrentes.

2.1.4. COMUNICAÇÃO INSTITUCIONAL

Esta comunicação pode ocorrer de diversas maneiras, mas sua função principal é conscientizar e orientar os *stakeholders* de sua missão, visão e valores.

A comunicação institucional está intrinsecamente ligada aos aspectos corporativos institucionais que explicitam o lado público das organizações, constrói uma personalidade creditiva organizacional e tem como proposta básica a influência político-social na sociedade onde está inserida (Kunsch, 2003, p. 164).

Essa comunicação não tem o objetivo de vender produtos ou serviços sustentáveis, mas, sim, de mostrar o quanto a empresa é sustentável por meio dos seus valores, de suas ações.

A comunicação institucional pode ocorrer de diversas maneiras, mas sua função principal é conscientizar e orientar os *stakeholders* de sua missão, sua visão e seus valores, e na construção da identidade, da imagem e da reputação

Os relatórios de sustentabilidade são uma forma de comunicação institucional bem utilizada pelas grandes empresas para disseminar sua proposta de sustentabilidade. Esses relatórios são uma forma importante de comunicação institucional, pois eles não vendem nenhum produto e não tentam disseminar normas para serem inseridas em processos internos, apenas comunicam o que a organização realizou e pretende realizar na sua gestão da sustentabilidade.

CASO – BRITISH PETROLEUM

Em 2010, a empresa British Petroleum, BP, uma empresa de 110 anos de história do Reino Unido, do setor de petróleo, gás e energia sofre um acidente em uma de suas plataformas no Golfo do México. Uma explosão ocasiona um vazamento de milhões de litros de petróleo no mar, além da morte de 11 trabalhadores.

No ano seguinte, a empresa divulga seu relatório de sustentabilidade, e na capa a empresa apresenta a foto do vazamento que foi tão amplamente divulgado pela imprensa no ano anterior, além de trazer um capítulo sobre como a empresa estava mudando seus processos internos.

Esse relatório, que é uma forma de comunicação institucional, foi um meio de comunicação e reconstrução de relacionamento com os públicos, pois a empresa trabalhou a transparência, item muito relevante para a temática da sustentabilidade e de uma comunicação institucional efetiva.

O caso da BP mostra o quanto as empresas podem utilizar seus canais de comunicação institucional para serem realmente institucionais e transparentes com seus públicos.

Acesse o QR Code 6 ou o *link* para mais informações:

http://www.csringreece.gr/files/reports/en/2010/bp_2010_en.pdf

A sustentabilidade é um processo sistêmico e, portanto, integrado com todas as áreas da organização. Algumas empresas implementam uma gestão sustentável para a fabricação de seus produtos, mas se esquecem de outras áreas e até mesmo de seus fornecedores. A comunicação institucional auxilia no engajamento de todos os *stakeholders*, principalmente funcionários, pois são eles o meio para que a sustentabilidade seja realmente aplicada.

Como parte integrante da identidade corporativa, a sustentabilidade é refletida na imagem percebida pelos *stakeholders*, mas a imagem não é algo controlável pela organização, não há um sistema ou gestão para isso, mas o simples fato de estar alinhado com a identidade já produzirá uma imagem consistente.

A imagem é o que o público pensa ou opina sobre a empresa, portanto, não é algo controlável pela empresa, mas as práticas de uma empresa podem levar para a uma boa ou má imagem corporativa.

A reputação está ligada com a transparência e a ética da organização, mas não se constrói sozinha, ela depende da identidade e da imagem. A reputação é o que abrange todo o sistema organizacional e é o que interage com a marca em todos os seus aspectos.

> Uma vez que a reputação é formada pela percepção de seus públicos, as organizações precisam antes descobrir quais são essas percepções e, então, examinar se coincidem com a identidade e os valores da empresa. Somente quando a imagem e a identidade estiverem alinhadas é que se produzirá uma reputação forte (Argenti, 2006, p. 99).

Uma reputação não é construída e muito menos consolidada em pouco tempo, é necessária uma trajetória que contenha credibilidade. Os *stakeholders* confiaram e ainda confiam na organização, e por isso ela tem uma reputação. A organização não escolhe ter uma boa reputação, porque não é algo que pode ser escolhido, pode ser uma forte ou fraca reputação, mas não se tem a liberdade de escolha. Ela representa a "alma", a essência da empresa, ou seja, a sua missão, a sua visão e os seus valores.

A disseminação da temática da sustentabilidade, seja por meio das práticas das empresas ou da divulgação na mídia, auxilia o tema a chegar mais próximo dos mais variados públicos.

Quanto mais o tema faz parte do cotidiano das pessoas, mais as pessoas se engajam e começam a colaborar com as práticas sustentáveis, e também a exigir das empresas, das instituições e dos governos atitudes mais proativas e sensatas.

A seguir vou apresentar dois exemplos de como, nos últimos anos, o tema sustentabilidade foi utilizado pela grande mídia.

Figura 2.4: Capas da revista *Você S/A*

Fonte: Adaptado de https://vocesa.abril.com.br/edicoes.

A imagem mostra duas capas da revista *Você S/A*, que é uma publicação brasileira voltada para o mundo corporativo, a carreira, a gestão e o empreendedorismo. Foi lançada em 1998 pela Editora Abril e é uma das principais referências no Brasil para profissionais que buscam informações sobre desenvolvimento pessoal e profissional, além de *insights* sobre o mercado de trabalho e o universo empresarial.

A primeira capa é de 2018, e tem como tema central a economia circular. A matéria principal da revista ilustra a chegada de uma nova economia e como isso impactará os profissionais e o mercado.

Quatro anos mais tarde, em 2022, a revista *Você S/A* traz novamente o tema da sustentabilidade para a luz – nesta edição o tema foi ESG (vimos os conceitos no primeiro capítulo). A matéria principal da revista mostra o crescimento das práticas ESG no mundo corporativo e como vai afetar o mercado, além de abordar tendências.

Uma revista voltada ao mundo corporativo e profissional, e que trouxe matérias relevantes sobre o tema da sustentabilidade, mostra o quanto os meios de comunicação são uma ferramenta muito importante para aproximação do público com a temática da sustentabilidade.

Nesse caso do mundo empresarial, uma forma de elucidar para profissionais de todas as áreas a importância do tema.

Outra mídia que deu destaque ao tema foi uma campanha da Rede Globo sobre os ODS.

Nessa campanha de 2017, a emissora apresenta os ODS e intitula como "Eu sou a geração do amanhã".

No vídeo protagonizado pelo ator Mateus Solano, os ODS são brevemente explicados. O vídeo foi amplamente divulgado na emissora, inclusive em horário nobre.

Figura 2.5: Mateus Solano em anúncio sobre ODS

Fonte: https://www.youtube.com/watch?v=0cVw3aXtC50.

Essa campanha da Globo já mostra um objetivo diferente da revista **Você S/A**: aqui a emissora quer ajudar o grande público a assimilar o que são os ODS, que naquela época haviam sido lançados havia dois anos. Grandes mídias e veículos de comunicação são fontes de informação para a maioria das pessoas e ajudam a popularizar o tema para públicos de diferentes classes sociais, idades e regiões do Brasil.

Já as mídias sociais são um caminho de comunicação e troca de informações para jovens de 15 a 25 anos.

Um exemplo é o perfil Menos1lixo, da empresária Fernanda Cortez. A Menos1lixo também é uma plataforma de educação ambiental que incentiva consumidores a mudarem pequenos hábitos em nome do planeta – a começar, por exemplo, pela substituição de copos descartáveis por reutilizáveis, principal produto da marca. Além de trazer dicas, o perfil traz reflexões sobre o consumo responsável.[13]

---

13. Disponível em: https://exame.com/negocios/greenfluencers-7-influenciadoras-sustentabilidade/.

As mídias sociais são um meio bem amplo para divulgar práticas sustentáveis também por meio de artistas conhecidos. Um exemplo é o ator mundialmente conhecido pelo filme *Titanic*, Leonardo di Caprio.[14]

Ele tem usado sua visibilidade como uma plataforma para aumentar a conscientização sobre as mudanças climáticas, a perda de biodiversidade e outras ameaças ao meio ambiente. Por meio de seus discursos, entrevistas e presença nas redes sociais, ele continuamente enfatiza a urgência de agir para preservar o mundo natural para as gerações futuras.

Além de conscientizar o público, DiCaprio tem se envolvido ativamente em uma variedade de projetos e iniciativas de conservação. Ele fundou a Leonardo DiCaprio Foundation, em 1998, uma organização dedicada a proteger a biodiversidade global, a conservação de *habitats* ameaçados e a promoção de soluções sustentáveis para as mudanças climáticas. A fundação apoia uma ampla gama de projetos, desde a proteção de florestas tropicais até a promoção de energia renovável e as ações de conservação marinha.

O ator também tem utilizado seu poder como produtor de cinema para trazer atenção para questões ambientais. Ele produziu documentários premiados, como *Before the Flood*, que explora os impactos das mudanças climáticas em todo o mundo e destaca soluções possíveis para enfrentar esse desafio global. Seu compromisso com a sustentabilidade também se estende à sua vida pessoal, onde ele procura reduzir sua própria pegada de carbono e promover um estilo de vida mais consciente.

Ao longo dos anos, DiCaprio recebeu inúmeros prêmios e reconhecimentos por seu ativismo ambiental, incluindo o

---

14. Disponível em: https://gshow.globo.com/tudo-mais/tv-e-famosos/noticia/dia-do-meio-ambiente-veja-dez-celebridades-que-sao-engajadas-em-preservar-a-natureza.ghtml.

Prêmio Crystal, da World Economic Forum, e o Prêmio de Herói do Planeta, da ONU.

Essa atuação do ator traz uma visibilidade muito positiva para a temática da sustentabilidade, pois ele usa os meios de comunicação para elucidar e debater o tema.

O papel mais importante da comunicação e do *marketing* é ajudar a aumentar a conscientização, mobilizar a ação, promover a transparência, influenciar comportamentos e construir parcerias para enfrentar os desafios ambientais, sociais e econômicos do nosso tempo.

O próximo tópico traz como a comunicação e o *marketing* têm influenciado os comportamentos sociais.

2.2 COMPORTAMENTO DO CONSUMIDOR SUSTENTÁVEL

O crescimento econômico das grandes nações é pautado pelo aumento do consumo, portanto, quanto mais se consumir e comprar produtos mais uma nação se torna rica e forte economicamente, pois resulta em lucro ao comércio e às grandes empresas, gerando mais empregos, aumentando a renda, o que acarreta ainda mais consumo.

A economia capitalista em que vivemos é a economia do consumo, é um ciclo onde mais se compra, mais se gera economia e quanto mais gera economia mais há a necessidade de venda de produto, portanto um ciclo infinito.

Isso não seria problema se não causasse nenhuma consequência ao Planeta Terra, porém a quantidade enorme de lixo gerada pelo consumo excessivo e a demanda cada vez mais crescente pelos recursos naturais para produzir produtos para consumo vêm gerando consequências negativas e desastrosas para o planeta e para os seres humanos.

Segundo matéria do jornal *BBC*,[15] consumidores estadunidenses estão consumindo em nível recorde mesmo em um contexto de taxas de juro elevadas e inflação crescente.

A matéria informa uma tendência de consumo arriscada, mas que está cada vez mais permeando o comportamento de consumo nos Estados Unidos.

Esse comportamento se chama "YOLO" (sigla para a frase "Você só vive uma vez", em tradução direta do inglês), isso significa que, mesmo em uma crise econômica, pessoas decidem gastar o que têm e o que não têm para se proporcionar desde pequenos prazeres – como comprar algo – até grandes prazeres – realizar uma viagem internacional.

Essa maneira de consumo e conduta em relação ao dinheiro contradiz as tendências de consumo em crises econômicas anteriores e intriga os economistas.

Dentro dos conceitos de comportamento de consumo, um conceito aparece em destaque, o do pesquisador Jean Baudrillard.

Baudrillard (2008) afirma que os objetos de consumo são lugares de trabalhos simbólicos, portanto, são mais do que o objeto pode oferecer fisicamente ou de forma a suprir uma necessidade.

Para o pesquisador, o objeto de consumo constitui-se uma moral do consumo, baseada em valores "sociais", como o ter, a ostentação e a distinção. Não se consome o objeto em si, mas o que ele representa.

Isso explica em parte o comportamento de consumo atual dos estadunidenses, pois, mesmo em crise econômica e alta de inflação, o consumo está crescendo porque vai além da necessidade de ter o objeto, mas muito mais o que a compra do objeto representa na vida da pessoa.

---

15. Disponível em: https://www.bbc.com/portuguese/articles/c2e2405pr63o.

Em consonância com o que aborda Baudrillard, temos o surgimento e o crescimento de espaços sociais que valorizam o consumo, como, por exemplo, os centros comerciais e *shoppings*.

Esses espaços são denominados paraíso, ou seja, um espaço que vai me ofertar "Tudo para me satisfazer". É um espaço onde você pode encontrar tudo o que precisa e o que não precisa. Todos os itens estarão disponíveis para compra, e isso pode gerar uma sensação muito forte de poder (neste caso ter a capacidade de comprar algo) e felicidade (satisfação pela compra realizada).

A própria mídia e os meios de comunicação de massa favorecem a compra exacerbada de produtos, principalmente em datas festivas, nas quais o comércio precisa e se prepara para vender mais.

Essa mídia que enaltece as comprar também apresenta críticas sobre o consumo exagerado. Um exemplo foi o filme *Os delírios de consumo de Becky Bloom* (Confessions of a Shopaholic, título em inglês).

Figura 2.6: Pôster do filme *Os Delírios de Consumo de Becky Bloom*

Fonte: https://www.adorocinema.com/filmes/filme-130604/.

Este filme conta a história de uma jovem obcecada por compras e produtos de luxo, de moda. Uma das cenas icônicas do filme é que, para não gastar mais e ir à falência financeira total, ela congela seus cartões de crédito na geladeira e, em um ataque de desespero para comprar, ela tenta quebrar o bloco de gelo onde está o cartão.

O filme é uma comédia romântica e, ao mesmo tempo, uma sátira sobre a sociedade de consumo, mas que pode nos trazer muitas reflexões de como o comportamento atual está influenciando na economia e nas práticas sustentáveis.

Acesse o QR Code 7 ou o *link* para mais informações:

https://www.adorocinema.com/filmes/filme-130604/

Vamos entender agora como se constroem esses comportamentos de consumo.

Segundo Samara e Morsch (2005), há muitas motivações para o consumo, a compra de produtos e serviços: necessidades, crenças, atitudes, percepção, preconceitos, motivação, hábitos etc.

Essas motivações fazem parte de variáveis que influenciam o consumo e fazem parte do processo de decisão de compra, ou seja, do momento em que a pessoa escolhe o que comprar e por que comprar.

Algumas dessas variáveis, como veremos a seguir, são tão implícitas que não fazem parte de uma decisão racional de compra, mas de algo mais psicológico ou intrínseco.

As variáveis são: socioculturais, psicológicas, individuais e situacionais.

As variáveis socioculturais estão relacionadas com os fatores socioculturais, onde o indivíduo nasceu e vive, e como eles influenciam o comportamento, como a cultura, os símbolos e as práticas que fazem parte de uma sociedade ou um grupo – a classe social, a história e a trajetória da família e dos antepassados – e como a sociedade ou o grupo enxergam os papéis do homem e da mulher.

Essas variáveis são aspectos externos e pouco controláveis, mas podem ser mais perceptíveis no processo de decisão de compra.

Nas variáveis socioculturais, os grupos de referência, como amigos, ambiente de trabalho, família, também são aspectos de influência.

Nas variáveis psicológicas e individuais há aspectos internos e pouco precisos para se identificar na hora da compra de um produto ou de serviços. Fazem parte das variáveis psicológicas crenças e sentimentos que geralmente foram aprendidos pelo meio social em que a pessoa vive, portanto, não são fáceis de mensurar ou perceber. Essas crenças e sentimentos vão gerar intenção de agir, forma de agir e, por seguinte, um comportamento.

Esse comportamento está ligado a fatores como motivação, aprendizagem, percepção, personalidade, estilo de vida, experiências reais ou holísticas.

Segundo Maslow, o ser humano tem comportamentos baseados em cinco necessidades. Ele demonstra isso por meio da Pirâmide de Maslow, onde as necessidades mais básicas ficam na base da pirâmide, e as necessidades menos básicas, mas que geram mais satisfação, ficam no topo da pirâmide.

Para Maslow, o ser humano não consegue alcançar a autorrealização se não tiver necessidades como abrigo, alimentação, higiene pessoal satisfeitas.

Depois que as necessidades básicas são satisfeitas, o ser humano precisa alcançar a segurança, ou relacionamentos e lugares que ofereçam proteção.

Figura 2.7: Pirâmide das necessidades de Maslow

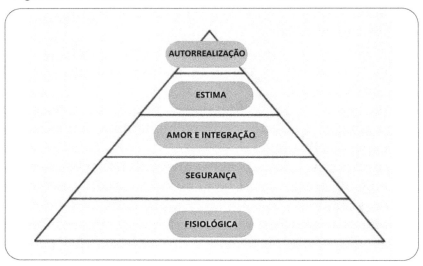

Fonte: Adaptado de: https://rockcontent.com/br/blog/pirami-de-de-maslow/#:~:text=A%20Pir%C3%A2mide%20de%20Maslow%20%C3%A9%20uma%20representa%C3%A7%C3%A3o%20brilhante%20do%20seu,mais%20abstratas%2C%20em%20seu%20topo.

Esses lugares de proteção são o caminho para a construção da integração, do ser pertencente a um grupo social e de relações pessoais de que provenham amor e alegria.

Depois da construção de relacionamentos pessoais, o ser humano buscará a estima, ou o reconhecimento diante do grupo a que pertence, e em seguida a realização pessoal ao alcançar todas as necessidades e ainda ter a satisfação pessoal.

Ao analisarmos a Pirâmide de Maslow, é possível compreender o comportamento de consumo atual, pois a maioria das pessoas em grandes países já conseguiram as necessidades básicas da pirâmide, como necessidades fisiológicas e de segurança, e a busca incessante por produtos e serviços está mais ligada às necessidades de estima e principalmente autorrealização.

Já as variáveis situacionais são situações ocasionais que ajudam a impulsionar o desejo de compra por meio do ambiente físico (exemplo: centros de compras, como *shoppings*); ambiente social (ambiente corporativo ou familiar onde as pessoas se espelham para se sentirem pertencentes); tempo (disponibilidade de tempo para realizar compras); razão de compra (o quanto o indivíduo racionaliza o querer comprar algo); e, por último, o estado de espírito e a predisposição para o ato de comprar.

Essas situações podem ser distintas e diferentes para cada indivíduo e para determinada época. Um exemplo foi o brinquedo Tamagochi, bichinho virtual que foi febre para crianças e adolescentes no final dos anos 1990.

Esse brinquedo foi muito vendido nesse período e teve uma queda de vendas após seu auge, principalmente com a ascensão da internet e a popularização dos celulares.

Esse exemplo mostra que há épocas em que determinado produto influencia o comportamento de consumo das pessoas.

Por trás do comportamento de consumo e suas variáveis há também o comportamento do mercado e como as empresas divulgam e utilizam as estratégias de comunicação e *marketing* para influenciar a compra de produtos e serviços.

Segundo pesquisa realizada pela Confederação Nacional da Indústria (CNI), o número de brasileiros que se preocupam com hábitos sustentáveis sempre, ou na maioria das vezes, aumentou de 74% para 81%, de 2022 para 2023.

Ainda quanto à segregação de resíduos para fins de reciclagem, observou-se uma ligeira diminuição: de 66% para 65%. Adicionalmente, houve um aumento na proporção de indivíduos que afirmaram nunca praticar a separação de lixo, passando de 23% para 25%. Os obstáculos que dificultam a adoção da reciclagem permaneceram consistentes nos dois anos analisados: falta de hábito e ausência de serviços de coleta seletiva nas proximidades residenciais.

Destaca-se que os idosos demonstraram maior preocupação com a segregação de resíduos (56%), contrastando com o interesse mais moderado dos jovens (34%). Além disso, verificou-se uma correlação inversa entre nível educacional e engajamento na prática de reciclagem: 55% dos entrevistados classificados como analfabetos ou semianalfabetos relataram sempre separar o lixo, proporção que decresce para metade entre aqueles com ensino fundamental, 45% entre os que cursam o ensino médio, e 44% no grupo de graduados do ensino superior.

Quanto ao gênero, as mulheres demonstraram uma maior conscientização em relação à reciclagem, em comparação com os homens, conforme indicado pela pesquisa.

Os dados da pesquisa da CNI mostram um comportamento de consumo mais sustentável, se comparados ao ano anterior, 2022, porém algumas práticas de sustentabilidade com a reciclagem encontram alguns obstáculos, muitos deles estão relacionados a variáveis socioculturais, portanto, do ambiente onde as pessoas estão inseridas, seu contexto social.

Outra pesquisa, Vida Saudável e Sustentável 2023, do Instituto Akatu, sobre as percepções globais do consumidor, mostrou que 98% dos brasileiros têm interesse em comprar produtos sustentáveis; diante de 91% da média global, as gerações que mais têm interesse em comprar são os *Baby Boomers* (nascidos entre 1946 e 1964), os Millenials (nascidos entre 1980 e 1996) e a geração Z (nascidos entre 1997 e 2010).

O comportamento do consumidor sustentável tem algumas barreiras, segundo a pesquisa, o preço é apontado como principal barreira para a prática de bons estilos de vida para as pessoas e para o meio ambiente no Brasil e no mundo: 57% dos brasileiros afirmam que viver de forma mais sustentável "é muito caro", percentual maior do que a média global de 49% e maior do que em 2021, que foi 48%.

O Instituto Akatu é uma referência na promoção do consumo consciente e sustentável. É uma organização não governamental sem fins lucrativos que trabalha pela conscientização e mobilização da sociedade para o consumo consciente.

Sua missão é mobilizar as pessoas para o uso do poder transformador dos seus atos de consumo consciente como instrumento de construção da sustentabilidade da vida no planeta.

Surgiu no ano 2000, dentro do Instituto Ethos, quando os seus dirigentes perceberam que as empresas só aprofundariam, no longo prazo, suas práticas de Responsabilidade Social (RSE) à medida que os consumidores passassem a valorizar essas iniciativas em suas decisões de compra.

Segundo o Akatu, todo consumidor deve realizar essas seis perguntas antes de comprar algum item:
1. Por que comprar?
2. De quem comprar?
3. O que comprar?
4. Como comprar?
5. Como usar?
6. Como descartar?

Essas perguntas ajudam a nortear ou até mesmo entender os motivos da compra e a responsabilidade sobre o descarte do produto.

Essa reflexão é muito importante para o consumo atual, e principalmente para os consumidores que desejam ser mais sustentáveis ou até mesmo promover empresas mais sustentáveis.

A pesquisa "Vida Saudável e Sustentável 2023" apresentou que as marcas precisam trabalhar melhor a comunicação para alcançar maior nível de confiança dos atributos de sustentabilidade de seus produtos, pois o nível total de confiança nas empresas nas declarações de "produto não testado em animais", "produto totalmente reciclável" e "produto de origem vegetal" é de máximo 28%.

Tabela 2.1: Pesquisa "Vida Sustentável e Saudável 2023"

Afirmações	Brasil 2023	Geração Z	Millenial	Geração X	Baby Boomer
O produto não é testado em animais	28%	25%	31%	24%	26%
O produto é totalmente reciclável	22%	20%	25%	26%	17%
O produto é de origem vegetal	21%	27%	18%	29%	6%
O produto é orgânico (ou fabricado sem o uso de produtos químicos)	18%	24%	17%	17%	12%
O produto é positivo para a natureza (ajuda a restaurar a natureza)	18%	23%	22%	15%	0%

Fonte: Instituto Akatu (2023).

O século XX trouxe mudanças sociais e de comportamento (exemplo: movimento *hippie*, famílias menores, novas doenças, novos medicamentos); novidades tecnológicas (exemplos: criação do computador pessoal, comunicação virtual); aumento exponencial da população. Tudo isso mudou a maneira de consumir e como os consumidores pensam sobre o ato de comprar produtos e serviços.

Já o século XXI facilitou o acesso ao crédito, o surgimento de países emergentes e uma nova classe econômica, ou melhor, a expansão de uma nova classe social e econômica, e isso também alterou a forma de consumir e o comportamento do consumidor.

A produção em massa, tão valorizada e necessária no século XX, assim como o capitalismo como conhecemos, que valoriza o consumo em excesso e o descarte de lixo sem precedentes e sem consciência, começa uma nova era.

Ainda não vemos uma mudança brusca de comportamento na sociedade, mas já existem pesquisas e dados científicos que mostram que a forma de consumo atual levará o mundo ao colapso, caso não se altere esse comportamento.

A sustentabilidade e suas práticas estão diretamente relacionadas com o consumo e comportamento dos indivíduos diante da vasta possibilidade de adquirir produtos e descartá-los de forma incorreta.

O que entra em questão no consumo sustentável é o termo e a forma como os produtos são produzidos, que chamamos de obsolescência programada.

Os produtos eletrônicos são os que mais geram resíduos tóxicos que contaminam rios e mares, e como consequência contaminam pessoas e alimentos. A indústria de eletrônicos precisa vender muitos produtos, e por isso produz de modo que em pouco tempo se tornem obsoletos, ou seja, serão descartados.

Um exemplo são os *smartphones*: a cada ano são lançados diversos modelos, e os modelos anteriores comprados pelos consumidores começam a entrar em desuso, ou pelo mau funcionamento do produto ou até mesmo por uma questão social de *status* em se poder ter um novo modelo a cada ano.

A comunicação e o *marketing* têm papéis fundamentais para disseminação da sustentabilidade, pois têm ferramentas e canais que podem ajudar neste processo, assim como a comunicação e o *marketing* podem ser utilizados para promover cada vez mais o consumo inconsciente e devastador.

> Acesse o QR Code 7 ou o *link* para mais informações:
>
> https://exame.com/esg/obsolescencia-programada-o-que-e-e-quais-os-seus-impactos/

Então, o papel do comunicador, seja presente em uma empresa ou instituição, é saber utilizar as ferramentas de maneira ética e eficaz e que traga um resultado positivo para a sociedade, e não apenas para alguns grupos comerciais.

No próximo capítulo veremos como é possível utilizar a comunicação e o *marketing* para este fim.

2.3. EXERCÍCIO DE ASSIMILAÇÃO

Escolha uma empresa/instituição – pode ser a empresa em que você trabalha –, análise e responda estas perguntas.

Nome da empresa/instituição: _____

Parte I – Canais de comunicação

1. A sua empresa tem um canal de comunicação com públicos internos?
Quais são:

_____

2. A sua empresa tem um canal de comunicação com públicos externos?
Quais são:

_____

3. O que está sendo comunicado nestes canais?
( ) Valores da empresa.
( ) Produtos e serviços.
( ) Valores.
( ) Campanhas institucionais.

4. Qual a periodicidade de uso destes canais?
( ) Diária.
( ) Semanal.
( ) Mensal.
( ) Não tem periodicidade.

5. Qual foi o último fato a ser comunicado?

_____

Parte II – Divulgação das práticas sustentáveis

Quais práticas sustentáveis a empresa/instituição realiza?

_____

_____

_____

_____

Em quais canais estão sendo divulgados?

_____

_____

_____

_____

REFERÊNCIAS BIBLIOGRÁFICAS

ARGENTI, P. **Comunicação empresarial:** a construção da identidade, imagem e reputação. Rio de Janeiro: Elsevier, 2006.

BAUDRILLARD, J. **A sociedade do consumo**. Portugal: Edições 70, 2008.

CONFEDERAÇÃO NACIONAL DA INDÚSTRIA – CNI. **Retratos da Sociedade Brasileira**, Brasília: CNI, ano 10, n. 57, 2022.

FRANÇA, F. **Públicos:** como identificá-los em uma nova visão estratégica. São Paulo: Difusão, 2004.

INSTITUTO AKATU; GLOBE SCAN. **Vida saudável e sustentável 2023:** um estudo global de percepções do consumidor. 2023. 41p. Disponível em: https://akatu.org.br/pesquisa-vida-saudavel-e-sustentavel-2023/. Acesso em: 4 abr. 2025.

KOTLER, P.; KELLER, K. L. **Administração de marketing**. 12. ed. São Paulo: Pearson/Prentice Hall, 2006.

KUNSCH, M. M. K. **Planejamento de relações públicas na comunicação integrada**. São Paulo: Summus Editorial, 2003.

LAUTERBORN, R. **Conheça os 4 Cs do marketing e saiba como utilizar o conceito a seu favor**. 2017. Disponível em: https://rockcontent.com/br/blog/4-cs-do-marketing/. Acesso em: 4 abr. 2025.

SAMARA, B. S.; MORSCH, M. A. **Comportamento do consumidor:** conceitos e casos. São Paulo: Prentice Hall, 2005.

YANAZE, M. H. **Gestão de marketing e comunicação:** avanços e aplicações. 3. ed. São Paulo: Saraiva, 2021.

CAPÍTULO 3

APLICAÇÃO PRÁTICA DA COMUNICAÇÃO E DO *MARKETING* PARA A SUSTENTABILIDADE

Nos dois capítulos anteriores vimos os conceitos e exemplos de como a sustentabilidade é comunicada por diversos veículos e mídias. Atualmente o tema está bem inserido na nossa sociedade, mas ainda temos um longo caminho para trilhar.

A comunicação e o *marketing* podem ser meios essenciais para a disseminação da sustentabilidade.

Neste capítulo, vamos apresentar como é possível aplicar os conceitos de comunicação e *marketing* em práticas sustentáveis corporativas ou até mesmo de instituições não governamentais.

Para começarmos a entender esse processo comunicacional é importante pensarmos no planejamento de comunicação.

Segundo a professora Margarida Kunsch (2003), o planejamento de comunicação tem 10 dimensões, são elas:

- Futuro.
- Sujeito.
- Objeto.
- Objetivos.
- Estratégias.
- Meios.
- Decisão.
- Eficácia.
- Ação.
- Tempo.

Essas dimensões abordam como o planejamento é a primeira etapa para implementar a comunicação das ações de sustentabilidade. O planejamento é uma ferramenta para prever ou tentar direcionar o futuro, algo que ainda não iniciou. Esta ferramenta sempre aborda um sujeito e um objeto, portanto, quem realiza e quem recebe as ações. Trabalha também objetivos e estratégias para que as ações aconteçam, ou seja, a ação precisa ter um racional, um porquê de ela dever acontecer.

Nesse instrumento há também a identificação dos meios, de quais ações serão realizadas e em quanto tempo vai ocorrer.

O planejamento trabalha com o processo decisório de uma organização e a capacidade de essas decisões serem eficazes.

Ao compreender essas dimensões, podemos visualizar a importância de se realizar um planejamento para a divulgação das práticas sustentáveis.

E como é realizado um planejamento? Como um planejamento é construído?

O planejamento de comunicação tem quatro etapas básicas, que serão descritas a seguir:

Figura 3.1: Etapas básicas do planejamento de comunicação

1. Pesquisa
2. Planejamento
3. Implantação
4. Avaliação

Fonte: Elaborado pela autora, baseado em Kunsch (2003).

A primeira etapa, pesquisa, é para realizar uma análise aprofundada da situação, da empresa, do mercado, do tema etc. Nesta etapa trabalhamos a identificação e o conhecimento da situação, realizamos levantamento de dados (que podem ser internos da organização ou até mesmo externos), também realizamos um mapeamento dos públicos. Isso vai gerar uma análise da situação, e a partir desta análise será feita a construção de diagnósticos, que serão a base do planejamento.

Uma maneira de fazer um bom diagnóstico que ajudará a ter objetivos mais claros é, além de olhar para dentro da empresa, olhar o que as outras empresas estão fazendo, quais são as tendências do mercado.

Os fatos comunicáveis e a matriz SWOT vistas no Capítulo 2 são uma maneira de aprofundar o diagnóstico:

Quadro 3.1: Fatos comunicáveis

Fatos Comunicáveis	EMPRESA X Como a empresa utilizou a mídia para divulgar o fato?	CONCORRENTE A Como a empresa utilizou a mídia para divulgar o fato?	CONCORRENTE B Como a empresa utilizou a mídia para divulgar o fato?
Descrição dos Fatos			
Descrição dos Fatos			
Descrição dos Fatos			

Fonte: Elaborado pela autora, baseado em Yanaze (2010).

Aqui, por exemplo, podemos escolher um fato comunicável de uma empresa e entender como ela utilizou a mídia e os meios de comunicação para falar do tema, e assim avaliar como os concorrentes também divulgaram um fato comunicável parecido ou sobre o mesmo tema.

Essa análise ajuda a embasar uma visão de mercado e tendências.

A etapa 2 é a construção do planejamento em si, depois de ter o diagnóstico em mãos, começa-se a definição de objetivos e metas a serem alcançados e a elaboração das estratégias.

Nesta etapa também tem a proposta de planos e programas de ação, escolha dos meios de comunicação que serão utilizados e quais outros recursos também serão usados. Assim como o estabelecimento do orçamento que poderá ser utilizado para que as ações se tornem concretas.

 # DICA

Qual a diferença entre estratégia e tática? Estratégia é o que eu preciso fazer para alcançar meus objetivos e minhas metas.
Tática é a maneira como você vai fazer as estratégias acontecerem.

A terceira etapa, implantação, é o momento em que o planejamento sai do papel e começa a ser colocado em prática. É o momento de fazer as devidas correções, caso haja necessidade, também é o momento de monitorar e controlar as ações e a responsabilidade de cada pessoa da equipe para que o planejamento aconteça. Nesta etapa o planejamento se transforma de uma ferramenta de comunicação interna para uma ferramenta de comunicação e divulgação para o público envolvido.

A última etapa, e não menos importante, na verdade, é uma etapa muitas vezes esquecida dentro do processo de planejamento, mas é a mais admirável, é a etapa de avaliação, onde, no planejamento, é feita a mensuração dos resultados. Na etapa 2, foram estabelecidos os critérios de avaliação por meio da definição das estratégias e dos objetivos, e estes são avaliados na última etapa. Aqui ficam as perguntas: o planejamento deu certo e trouxe o resultado esperado? Como é a estrutura de um planejamento?

O planejamento precisa ter todas as informações necessárias para que as ações sejam implementadas.

O primeiro tópico é a descrição ou o nome da ação a ser realizada (exemplo: Divulgação de Programa de Reciclagem).

Em seguida, deve conter o objetivo, portanto, o que se deseja alcançar com esta ação. No mercado chamamos o objetivo de racional da ação.

Depois descrevemos a estratégia, o que será realizado, por exemplo: Ação Divulgação de Programa de Reciclagem, estratégia: *release* para imprensa, cronograma de postagens nas redes sociais, evento de divulgação, são estratégias para divulgar o tema.

Precisamos lembrar que, junto com a estratégia, precisamos definir o público-alvo que vai receber as ações, ou seja, para quem as ações serão direcionadas. Isso precisa estar bem claro e definido para que as estratégias escolhidas sejam coerentes e eficazes.

O próximo passo são os instrumentos e recursos, a escolha dos meios e das ferramentas que vão ser a base para as ações serem colocadas em práticas. Nesta etapa, também podemos elaborar um pequeno orçamento, fazer cotações de prestadores de serviços para fazer a escolha mais adequada.

A etapa seguinte é definir quais pessoas serão responsáveis por cada ação do planejamento – se for uma equipe grande, provavelmente haverá mais de uma pessoa responsável pela ação. Em equipes menores, uma mesma pessoa poderá ser responsável por colocar em prática mais de uma ação. Se uma empresa contratou uma agência para implementar o planejamento, também é definido quem na agência é responsável por cada ação.

As etapas seguintes são parte de um cronograma que deve ter especificado o tempo de duração da ação, quando iniciará e quando finalizará, e, por último, o local da ação, se for uma ação presencial e não *online*, como exemplo, um evento de divulgação.

O cronograma é a parte mais desafiadora do planejamento, pois qualquer interferência pode atrapalhar o que já estava agendado e programado há meses.

Abaixo segue um modelo de cronograma:

Quadro 3.2: Cronograma de planejamento

Tarefa/Ação	Jan.	Fev.	Mar.	Abr.	Maio	Jun.	Jul.	Ago.	Set.	Out.	Nov.	Dez.

Fonte: Elaborado pela autora, 2024.

Nesse modelo, a primeira coluna tem as descrições das peças de comunicação utilizadas para uma campanha de comunicação interna. A segunda coluna descreve os canais de comunicação, portanto, os instrumentos pelos quais as mensagens serão distribuídas. As outras colunas são um calendário, com destaque para alguns dias e para que todos tenham a visualização completa da campanha e dos dias em que circulará a comunicação.

Um cronograma bem detalhado e claro pode ajudar muito no processo de construção do planejamento.

O cronograma pode ser um anexo no planejamento, pois quanto mais ações tem um planejamento mais ele precisa de vários cronogramas em detalhes.

O quadro abaixo mostra uma pequena estrutura geral de um planejamento.

Quadro 3.3: Estrutura geral de um planejamento

AÇÃO Descritivo do que vai ser feito	OBJETIVO O que se deseja alcançar com esta ação (Racional)	ESTRATÉGIA O que será feito?	PÚBLICO Para quem vai ser direcionado?	INSTRUMENTO/ RECURSOS Quais os meios utilizados para realizar?	RESPONSÁVEL Quem irá encabeçar a ação no cliente e na agência?	DURAÇÃO Quanto tempo vai durar esta ação?	DATA Início da ação	LOCAL
AÇÃO 1								
AÇÃO 2								

Fonte: Elaborado pela autora, baseado em Kunsch (2003).

Atualmente, os planejamentos não estão tão engessados, a maioria é feito em modelo de apresentação, com uma identidade visual clara e objetiva.

Os planejamentos atuais precisam conter as informações descritas, mas a maioria que se encontra no mercado oferece destaque para as ações principais do planejamento e para o cronograma, pois a dimensão do tempo (citada no início do capítulo) é um fator importante na implementação do planejamento.

Muitas empresas, principalmente as de tecnologia, têm utilizado uma metodologia Hero, Hub e Help, que é uma abordagem estratégica de criação e distribuição de conteúdo, amplamente utilizada no *marketing* digital para engajamento de público. A estrutura é dividida em três categorias: Hero, Hub e Help. O conteúdo Hero envolve grandes campanhas e momentos de alto impacto, como lançamentos ou eventos especiais, destinados a alcançar um público amplo e a causar grande impacto. O conteúdo Hub é projetado para manter um relacionamento contínuo com a audiência, fornecendo conteúdo regular que ressoe com os interesses específicos do público. O conteúdo Help, por sua vez, é focado em fornecer soluções e responder a perguntas frequentes, geralmente por meio de tutoriais ou guias, visando ajudar os consumidores a resolverem problemas específicos. Juntas, essas categorias criam uma estratégia equilibrada, atraindo atenção, mantendo o interesse e oferecendo valor prático ao público ao longo do tempo.

Para saber sobre essa metodologia, acesse o QR Code 9 ou o *link*:

https://www.thinkwithgoogle.com/marketing-strategies/video/schedule-your-content/

(Conteúdo em inglês.)

Essa metodologia foi criada pelo Google, em 2015, e hoje diversas empresas utilizam como base para estruturar seu planejamento estratégico de comunicação.

Quadro 3.4: Metodologia de conteúdo

AÇÃO Descritivo do que vai ser feito	OBJETIVO O que se deseja alcançar com esta ação (Racional)	ESTRATÉGIA O que será feito?	PÚBLICO Para quem vai ser direcionado?	INSTRUMENTO/ RECURSOS Quais os meios utilizados para realizar?	RESPONSÁVEL Quem irá encabeçar a ação no cliente e na agência?	DURAÇÃO Quanto tempo vai durar esta ação?	DATA Início da ação e fim da ação
AÇÃO: Divulgação do Programa de Reciclagem	Reforçar a reputação da empresa em práticas sustentáveis	*Release* para imprensa com detalhes do programa	Jornalistas e influenciadores de sustentabilidade	Vídeo institucional sobre o programa e a utilização de plataforma para divulgação do *release*	Nomes das pessoas responsáveis	Três semanas	5 de agosto de 2024 a 25 de agosto de 2024

Fonte: Elaborado pela autora, 2024.

No quadro acima com exemplo da aplicação desta metodologia dando ênfase para o conteúdo Hero, um evento especial, uma ação diferenciada de uma empresa.

Depois de definidas as ações e as metodologias para o planejamento, precisamos entender por que em alguns momentos os planejamentos não dão o resultado esperado.

Alguns motivos são: definir objetivos sem análise prévia; não delegar/definir responsáveis e grau de responsabilidade; deixar a equipe sem meta definida; não ter controle das ações e não ter controle de indicadores e KPIs.[16]

A falta de definição dos objetivos está relacionada com a falta de um diagnóstico imparcial e verdadeiro sobre as necessidades da empresa e como está seu relacionamento com os públicos. Esta falta de diagnóstico pode impactar na gestão da equipe e dos responsáveis e como consequência não ter uma mensuração das ações. "Um mapeamento criterioso dos pontos fortes e fracos ajudará os estrategistas de comunicação organizacional a construírem um diagnóstico correto da real situação do ambiente interno da organização" (Kunsch, 2003, p. 270).

A parte de mensuração das ações deve estar no início do planejamento. Todos da equipe devem saber qual o resultado a ser alcançado desde o início. O planejamento pode ser ajustado, pois pode haver interferências externas que o modifiquem, um exemplo foi a pandemia de 2020, que impactou a estratégia de comunicação e os negócios de muitas empresas.

Se o planejamento for ajustado por algum motivo, não há problema, mas a mensuração deve sempre se manter, ou seja, não adianta mudar o KPI no meio do processo de implementação da ação, ou quando esta ação não gerou resultado positivo. A mensuração de cada ação é um meio para

---

16. KPI: *Key Performance Indicators*. Em português, indicadores-chave de *performance*.

entender o quanto o planejamento funcionou, o que deu certo e o que deu errado. O planejamento é uma maneira de aprendermos com os erros e assim podermos acertar e melhorar o processo.

As métricas que serão utilizadas para mensurar cada ação ou o planejamento por completo, podem ser muitas e variadas e isso depende da empresa, da instituição o que se melhor adequa.

A avaliação do planejamento é a última etapa do planejamento, ocorre depois de todas as ações ou de a maioria delas ter sido implementada, isso não significa que ocorra somente no final, o controle de avaliação das ações pode ocorrer durante o processo, mas a mensuração final, geralmente é a última etapa.

Para os autores Yanaze, Freire e Senise (2010), é importante mensurar:

- Para provar a maturidade da função e o profissionalismo de quem faz as ações de *marketing* e comunicação.
- Para justificar o orçamento, o dinheiro investido e ter a prova do retorno sobre o investimento.
- Para ser reconhecido e valorizado o trabalho realizado.
- Para otimizar a estratégia e suas ações de comunicação.
- Para apoiar a tomada de decisão e a avaliação de riscos.

A mensuração não deve ser esquecida, mas, sim, integrada ao planejamento e aos seus objetivos.

Depois de compreendermos como o planejamento é essencial para que as ações de comunicação e *marketing* sejam estruturadas para serem colocadas em prática de maneira eficaz, precisamos entender como vamos comunicar da melhor maneira.

O próximo passo é ter uma bússola para a comunicação da sustentabilidade. E o melhor, esta bússola já existe: são os ODS.

É por meio dos ODS que podemos analisar ações e escolher as melhores ferramentas para comunicá-las.

3.1 COMO A COMUNICAÇÃO INTEGRADA PODE DISSEMINAR OS ODS

Como professora há 15 anos, e há quase 10 anos ensinando sobre os ODS, pude vivenciar as mais variadas dificuldades dos estudantes, da graduação à pós-graduação, de entender e implementar os ODS.

Como vimos no Capítulo 1, os ODS são os 17 objetivos que foram divulgados em setembro de 2015 e têm como prazo alcançar as metas até 2030, que ficou conhecida como Agenda 2030. Os objetivos contemplam os pilares ambiental, social e econômico da sustentabilidade, e procuram envolver empresas, governos e indivíduos para ações a serem trabalhadas.

Vamos exemplificar nesta etapa algumas estratégias de comunicação que podem ser muito assertivas para disseminar os ODS.

Eventos

O evento é um acontecimento que se aproveita para atrair a atenção de uma grande quantidade de pessoas. Serve para transformar a relação organização-público.

Exemplos: eventos que divulgam campanhas institucionais ou que incentivam as práticas sustentáveis podem ser um caminho de aproximação com públicos diversos e até mesmo de suscitar interesse desses públicos em adotar ou praticar as ideias da campanha.

Assessoria de Imprensa:

Segundo Kunsch (2003), é uma das ferramentas essenciais nas mediações das organizações com o grande público, a opinião pública e a sociedade, via mídia impressa, eletrônica e internet. Ajuda a construir o relacionamento com influenciadores e o público.

Exemplo: quando uma empresa ou instituição quer ficar conhecida ou reconhecida do grande público, os veículos de comunicação – jornais, revistas, telejornais – podem ajudar neste processo.

Anualmente, a Campanha do Agasalho de São Paulo trabalha as estratégias de comunicação, como assessoria de imprensa, para alcançar o grande público, principalmente para alavancar o número de doadores.

Essa campanha sempre é apresentada nos telejornais das emissoras de televisão abertas, como Rede Globo, SBT, Record, TV Cultura e Band.

O objetivo é reforçar a doação e fazer com que a campanha seja cada vez mais conhecida.

Para saber sobre essa metodologia, acesse o QR Code 10 ou o *link*:
http://www.campanhadoagasalho.sp.gov.br/

Publicações:

Construção de conteúdo relevante, como pesquisas, livros, revistas corporativas e relatórios para atrair atenção para determinada causa e/ou problema. São instrumentos que refletem a imagem da empresa e como ela interage com seus públicos.

Exemplo: os relatórios de sustentabilidade são um dos tipos de publicações mais conhecidas e utilizadas pelas empresas para que as práticas de sustentabilidade sejam conhecidas de maneira mais aprofundada.

Segundo o estudo "Reporting Matters Brasil", que oferece um panorama abrangente sobre os relatórios de sustentabilidade no país e revela as melhores práticas na elaboração desses documentos. Segundo o relatório há 10 empresas que apresentaram as melhores notas em seus relatórios de sustentabilidade, em 2023: Ambev; Arezzo; CBA; Eneva SA; Grupo Pão de Açúcar; Grupo Boticário; Itaú; Natura, Petrobras e Suzano.

Para saber sobre essa metodologia, acesse o QR Code 11 ou o *link*:

https://cebds.org/en/publicacoes/relatorio-reporting-matters-brasil-2023/

Esse estudo aponta que 63% apresentam os ODS prioritários da empresa, e somente 10% definiram metas claras ligadas aos ODS.

Isso significa que comunicar os ODS pelas empresas ainda tem um caminho longo a ser construído.

Mídias Sociais:

Uma organização hoje terá muita dificuldade em sobreviver se não tiver pelo menos um canal de comunicação nas redes sociais. A internet e as redes sociais são o meio mais acessível de os públicos conhecerem as ações da empresa.
Pode ser usado de forma institucional ou mercadológica.
As mídias sociais são o veículo mais acessível para busca de informações, portanto, uma empresa ou instituição que dialoga com seu público via redes sociais pode ter muito engajamento ou sucesso.
Exemplo: As Nações Unidas promoveram uma campanha de comunicação para defender os ODS, #ajaagora (é o *slogan* da campanha).
Segundo as Nações Unidas, a campanha mundial visa criar impulso, aumentar a sensibilização de todas as pessoas e mobilizar uma ação acelerada para os ODS.[17]

Campanhas publicitárias:

Ajudam a introduzir/apresentar novos produtos/serviços, além de posicionar a marca e persuadir o público-alvo. As campanhas devem conter informações para os consumidores onde consegue adquirir, doar etc. São ferramentas para influenciar nas decisões de compra/ação.
Vimos um exemplo de campanha no Capítulo 2 – Lavadora LG.

---

17. Disponível em: https://brasil.un.org/pt-br/239108-campanha-da-onu-pede-ambi %C3%A7%C3%A3o-para-os-objetivos-de-desenvolvimento-sustent%C3%A1vel#:~:text= %23AjaAgora%20%C3%A9%20uma%20campanha%20de,consequ%C3%AAncias%20persistentes% 20da%20COVID%2D19.

O custo para produção e veiculação das campanhas publicitárias é bem mais alto do que campanhas em mídias sociais, por isso vale a pena fazer um bom diagnóstico para conhecer o público-alvo e os objetivos de comunicação que quer alcançar.

Pensando em comunicação integrada na disseminação dos ODS, podemos dividir as estratégias desta forma:

I. **Comunicação interna:** onde o foco é disseminar informações, decisões e fatos relacionados à gestão empresarial para o público, melhorar o relacionamento e promover motivação.

   Quais as melhores estratégias de comunicação?
   – Eventos.
   – Programas de voluntariado.
   – Publicações internas.

II. **Comunicação mercadológica:** segundo Yanaze (2010, p. 374), é:
   > o processo de administrar o tráfego de informações com os públicos-alvo que compõem os mercados da empresa, isto é, com aquelas parcelas de público (interno e externo) potencialmente interessadas em reagir favoravelmente às negociações e transações oferecidas pela empresa.

   Quais as melhores estratégias de comunicação?
   – Eventos.
   – Redes sociais.
   – *Storytelling*.
   – Programas de patrocínio.

III. Comunicação institucional: onde o foco é conscientizar e orientar os *stakeholders* de sua missão, visão e valores.

Quais as melhores estratégias de comunicação?
– Assessoria de imprensa.
– Redes sociais.
– Relatórios e pesquisas.

Todas as estratégias e ferramentas de comunicação citadas acima devem estar alinhadas com a reputação da empresa e os valores e as causas que ela decide defender.

Uma maneira de comunicar os valores e as causas de uma empresa é construir, organizar e socializar histórias. O *storytelling* tem como característica o lado lúdico de usar a comunicação e, portanto, construir conteúdos relevantes para seu produto, serviço, marca ou empresa.

A comunicação dos ODS pode conter uma narrativa transmídia, ou seja, contemplar as melhores estratégias de comunicação e utilizar os mais diferentes meios.

As narrativas transmídia contemplam trabalhar a experiência e as histórias nos mais diversos meios de comunicação. As histórias ajudam a conectar empresas aos seus públicos, porque geralmente trazem personagens, pessoas, com problemas e desafios reais, além de conectar com as características humanas.

Segundo Rodrigo Cogo (2016), o storytelling precisa de elementos essenciais para ser construído, como a exposição da vulnerabilidade, os temas universais que podem trazer aspectos gerais das interações humanas em qualquer período histórico ou lugar, o jogo de suspense e a curiosidade, portanto, aspectos que chamam a atenção do espectador e a força emocional, toda história bem contada trabalha com o lidar com as emoções, sejam positivas ou negativas.

A campanha da instituição *Save the Children* apresenta esses elementos, como força emocional, pois descreve uma criança e seu olhar pelas mudanças da vida ao se deparar com a guerra. Em um pouco mais de um minuto, o vídeo é bem impactante.

Figura 3.2: Campanha *Save the Children*

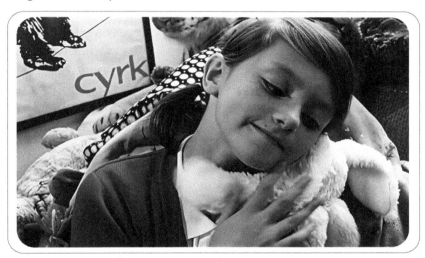

Fonte: https://www.youtube.com/watch?v=RBQ-IoHfimQ&t=86s.

Aqui foi contada uma história fictícia, mas que poderia ser real e, por conter emoções e exposição da vulnerabilidade cria uma conexão com qualquer ser humano que tenha um pouco de sensibilidade.

Uma outra maneira de contar histórias é a partir das causas as quais as empresas defendem. As empresas são construídas por pessoas, e essas pessoas têm vieses que desejam manifestar, por isso é comum uma empresa, principalmente nos últimos anos, aderirem às causas sociais ou ambientais.

É dessa forma que as empresas criam vínculos com seus públicos e solidificam sua reputação.

Abaixo seguem exemplos da comunicação que constrói a reputação por meio de causas:

As Casas Bahia, uma empresa varejista, em plena pandemia, fez uma campanha para valorizar todos os seus consumidores.

E o destaque foi uma empresa tradicional como essa trazer como parte de seu público um casal homossexual – poucos são retratados pela publicidade brasileira (em 2024 esse número melhorou). Além de trazer pessoas de diversas raças e etnias para reforçar a representatividade diversa da população brasileira.

A empresa apresentou seus valores nesse anúncio, os valores da representatividade por meio de micro-histórias apresentadas em um minuto e meio, e isso criou ou fortaleceu mais a conexão com seu público-alvo.

Figura 3.3: Campanha das Casas Bahia

Fonte: https://www.youtube.com/watch?v=3Ucib7PN638.

Outra empresa que quis aderir às causas foi a Uber. No início de 2020 realizou uma campanha contra racismo, homofobia e qualquer tipo de preconceito que poderia ocorrer entre motoristas do aplicativo e passageiros.

A campanha foi amplamente divulgada em mídia OOH, cartazes de ruas, e foi bem aceita por seu público.

A empresa encontrou uma maneira de reforçar valores e sair de uma crise de denúncias que estava sofrendo por ter, principalmente, motoristas que não aceitavam alguns passageiros por sua orientação sexual, e casos de assédio.

A partir do momento em que a Uber ou qualquer outra empresa reforça seus valores, ela precisa mantê-los, e isso faz com que a credibilidade desta empresa cresça e consiga evidenciar mais claramente os ODS.

Para encerrar esse primeiro tópico, vamos analisar um programa de reciclagem (logística reversa) da empresa HP e como ela poderia comunicar os ODS neste programa.

O HP Planet Partners Program é um programa global de reciclagem de cartuchos de impressora HP. Neste programa, o consumidor devolve os cartuchos usados em pontos de coleta da HP, geralmente varejistas que vendem o produto. Dessa forma o plástico utilizado na fabricação é inserido na cadeia produtiva e pode ser parte de cartuchos ou outros produtos eletrônicos da empresa.

Acesse o QR Code 12 ou o *link* para mais informações:

https://propmark.com.br/uber-combate-assedio-racismo-e--homofobia-em-nova-campanha/

No *site* da empresa há informações sobre o programa, entretanto, é um programa pouco divulgado e nem todos os clientes conhecem.

A empresa poderia utilizar esse fato comunicável (ver Capítulo 2) para disseminar os ODS, e, além de incentivar a economia circular (ver Capítulo 1), iria ajudar as pessoas a conhecerem mais sobre os ODS, pois este programa é um exemplo de como utilizar a comunicação e o *marketing* para difundir os ODS.

Acesse o QR Code 13 ou o *link* para saber mais:
https://www.hp.com/br-pt/hp-information/recycling/ink-toner.html

O programa apresentado está diretamente alinhado com o ODS 9 – Indústria, inovação e infraestrutura e o ODS 12 – Consumo e produção responsáveis. Com o ODS 9, a empresa demonstra sua capacidade de inovação e geração de valor para seus produtos e o quanto isso impacta positivamente a sociedade. Já com o ODS 12, a empresa trabalha o cuidado com os resíduos sólidos e a melhor forma de manejá-los.

Outro ODS que pode ser alinhado ao programa de uma maneira indireta é o ODS 13 – Ação contra mudança global do clima, pois, ao promover um programa que contempla a economia circular e a mitigação de desperdício de matéria-prima que poderia ser poluente, a empresa está ajudando no combate às mudanças climáticas.

Após encontrar os ODS com os quais a empresa pode estar alinhada, agora é o momento de analisar como a empresa pode divulgar para seus públicos via comunicação integrada.

Para seus funcionários, colaboradores e fornecedores (comunicação administrativa e interna) a empresa pode divulgar e reforçar por meio dos canais de comunicação interna, como intranet, *e-mails* e até mesmo cartazes e jornais nos murais das fábricas.

Para seus clientes e *prospects* (comunicação mercadológica), a empresa pode colocar a informação na embalagem do produto, ou até mesmo nos postos de venda e nas prateleiras onde eles ficam para que todos possam saber sobre o programa, além de levá-los para *links* externos onde há mais informações.

Para o público em geral (comunicação institucional), a empresa pode utilizar as redes sociais para divulgar os números, a quantidade de plástico reutilizada e de outros componentes que o programa alcançou nos últimos anos. Aqui podem ser utilizadas ferramentas de comunicação audiovisual para abranger os mais diversos públicos de todas as idades e cidades.

Todos esses meios de comunicação devem contemplar a empresa a falar dos ODS relacionados e como ela está trabalhando estes objetivos, como vem realizando o desenvolvimento e a promoção deles.

Tudo isso pode estar contemplado em um planejamento de comunicação e *marketing*, como foi descrito no início deste capítulo.

3.2. COMO A COMUNICAÇÃO PODE EVITAR O *GREENWASHING*

O *greenwashing* é um termo que ficou muito conhecido no início dos anos 2000, pois foi um momento em que muitas empresas, querendo se apresentar sustentáveis, realizavam qualquer ação ou comunicavam ações que na verdade não eram sustentáveis.

Greenwasshing é um termo designado para um procedimento de *marketing*/comunicação utilizado por uma empresa com o objetivo de prover uma imagem ecologicamente responsável dos seus produtos ou serviços e que na verdade não tem embasamento suficiente para ser disseminada, e muitas vezes essa imagem reflete uma ação falsa, uma ação não concretizada.

O termo vem do inglês e significa lavagem verde, como se as empresas quisessem deixar algo que não é "verde" sustentável, com o aspecto de sustentável.

Entre 2018 e 2019, o IDEC – Instituto Brasileiro de Defesa do Consumidor fez uma pesquisa para analisar práticas de *greenwashing* de empresas de higiene, cosméticos, limpeza e utilidades domésticas dispostos nos cinco principais supermercados do Brasil. Dessas empresas 52% não têm práticas de *greenwashing*, porém 48% possuem essas práticas negativas.[18]

O *greenwashing* pode ser tentador para muitas empresas, pois atualmente algumas enaltecem apenas poucas e rasas ações sustentáveis e colocam isso como um destaque muito importante.

Em sala de aula, apresento um caso bem interessante com o qual me deparei. Eu sempre compro a mesma marca de sabonete líquido e um dia vi na embalagem refil escrito em destaque "70% menos plástico". Achei incrível, pois pensei na hora que era uma embalagem com plástico verde (feito de cana de açúcar ou mandioca). Ao olhar as informações em letras miúdas, li que os 70% eram um número que comparava ao plástico da embalagem original que continha mais plástico do que uma embalagem refil.

Sim, fiquei decepcionada, mas vi claramente um exemplo de *greenwashing*, claro que um *greenwashing* suave, podemos dizer assim, essa ação não é uma ação mentirosa, mas leva o consumidor, mesmo o mais atento, a acreditar que aquela embalagem é mais sustentável do que outras.

Segundo a pesquisa do IDEC, o falso sustentável pode ser identificado por alguns sinais, como, por exemplo:
- Sem provas, produtos que têm a informação "Não contém ingredientes animais", mas que não apresentam isso nos componentes.

---
18. Disponível em: https://idec.org.br/greenwashing/pesquisa.

- Troca oculta, produtos que abordam que economizam 50% de água, mas têm na sua essência o plástico como principal ingrediente da embalagem, portanto, a economia não foi tão vantajosa.
- Vagueza e imprecisão, produtos que abordam que são amigos do meio ambiente, mas contêm químicos altamente poluentes.
- Irrelevância, como o caso do sabonete que citei acima. A informação foi irrelevante, pois é claro que uma embalagem refil possui menos plástico do que a original. Outro exemplo são os produtos que descrevem "não contém CFC", CFC é um produto químico que foi responsável por piorar a abertura da camada de ozônio e atualmente é proibida no Brasil, portanto, descrever que não contém é irrelevante.

A pesquisa informou que, dos 243 produtos que cometem *greenwashing*, apenas 22 marcas se comprometeram a adequar as informações contidas nas embalagens.

Futuros e atuais profissionais de comunicação e *marketing* devem entender que o *greenwashing* pode ser uma maneira rápida de alcançar grandes públicos ou até mesmo convencê-los da qualidade do seu produto, porém o consumidor atual (ver Capítulo 2) está muito mais atento e exigente às mudanças sociais, e isso faz com que empresas precisem ser mais transparentes com seus públicos.

Então, como podemos evitar o *greenwashing*?

Primeiramente, buscar informações do setor, do produto e dos serviços, principalmente no que tange à legislação. O profissional de comunicação e *marketing* deve entender o que pode e não pode ser divulgado da sua marca. Em seguida, evitar fazer declarações de sustentabilidade/produtos sustentáveis que não possam ser comprovadas. Sempre que não tiver certeza das informações, não fale, é simples. Procure sempre comprovar ou buscar comprovação das informações.

Outro ponto crucial é não esconder informações importantes dos consumidores. Avise sobre ingredientes, processos produtivos, caso seja necessário. Essa transparência criará um vínculo mais forte com eles.

Não esconder informações também está ligado ao não valorizar informações irrelevantes para seus consumidores (como o exemplo do sabonete). Trazer informações importantes e que possam ajudar seu consumidor na hora da escolha, com certeza, trará um efeito mais positivo.

Por último, e talvez mais importante, elimine a mentira e a incerteza. Como foi dito, se não tem certeza, não comunique e obviamente não comunique mentira, pois, com acesso às redes sociais e às mais variadas formas de acesso à informação, mentir pode ser um risco sem precedentes à imagem e à reputação da organização, porque esta mentira vai ser descoberta em algum momento.

Implementar um planejamento de comunicação bem estruturado, com um bom diagnóstico, vai ajudar a entender o que pode ser incorporado na comunicação dos produtos e serviços.

Outro ponto é escolher uma equipe multidisciplinar, pois diferentes pontos de vista podem ajudar a compreender melhor a experiência do consumidor e como ele vê o produto, e se o que está comunicando é *greenwashing* ou não.

Se a empresa tiver condições, é importante também incorporar indicadores de sustentabilidade (instituições como Ethos, Akatu criam esses indicadores), que podem ser a bússola para a comunicação e o *marketing* sustentável.

3.3. COMUNICAÇÃO PARA IMPACTO SOCIAL

A comunicação e o *marketing* podem ser instrumentos muito úteis para o impacto social, para a transformação social.

Na década de 1950, Daniel Lerner trouxe a linha de pesquisa denominada comunicação para desenvolvimento e mudança social. O papel da comunicação para o desenvolvimento social é a mudança social, segundo Melkote e Steeves (2001, p. 44 – tradução livre): "Nosso entendimento de comunicação para o desenvolvimento surge do nosso entendimento de desenvolvimento como empoderamento e comunicação com um significado compartilhado".

Os conceitos de empoderamento e comunicação como um significado compartilhado podem englobar o conceito de *marketing* social (Lee; Kotler, 2011) que tem como objetivo influenciar comportamentos que contribuam para um ganho social e também o conceito de participação genuína que se transforma em relações genuínas (White *et al.*, 1994). Dessa forma, comunicação para o desenvolvimento e mudança social consistem em influenciar comportamentos por meio de uma participação genuína dos indivíduos de uma sociedade ou comunidade que contribuam para um ganho social que, como consequência, construirá relações genuínas entre esses indivíduos.

Baseado nos conceitos apresentados, o papel do desenvolvimento, como mostram Melkote e Steeves (2001), não é apenas transferir capital e tecnologia para os países do Terceiro Mundo. O papel do desenvolvimento é realizar transformações profundas na sociedade, por meio da comunicação de ideias, conhecimento e habilidades. O papel do empoderamento é a construção das relações genuínas que se iniciam com a participação genuína descrita por White *et al.* (1994).

Dentro desse contexto, pode-se perceber que a sustentabilidade não se caracteriza apenas por ações ambientais ou sociais, mas, sim, uma transformação nos processos organizacionais e sociais que geram valores compartilhados por toda a sociedade, sejam clientes, fornecedores, funcionários, outras empresas, governos e comunidades.

As organizações que compartilham seus valores por meio de ações no âmbito social ou ambiental são empresas que se destacam e criam um vínculo mais transparente com seus públicos.

Então, podemos compreender que a comunicação para o impacto social gera uma mudança na sociedade, essa mudança pode ter um impacto mais aprofundado como pode somente chegar às camadas mais superficiais e não gerar uma mudança de comportamento, mas de qualquer maneira, principalmente com as mídias digitais, é possível causar um impacto no sentido de reflexão sobre comportamentos atuais.

Vamos entender como as marcas vêm trabalhando a comunicação para impacto social.

A varejista de moda C&A lançou, em 2016, uma campanha de Dia dos Namorados na qual os casais trocavam de roupa entre eles, mulheres usavam roupas masculinas e homens usavam roupas femininas. O propósito foi apresentar a moda sem gênero, uma moda que poderia ser utilizada por todos.

A empresa foi elogiada, mas também criticada por vários grupos sobre este posicionamento, mas seguiu firme em seu propósito e respondeu às críticas assim:

> A nova campanha da C&A "Dia dos Misturados" tem como tema principal a celebração do amor e dá continuidade à nova visão da C&A sobre a Moda, lançada em março com a campanha "Misture, ouse e divirta-se". Livre de todo e qualquer tipo de preconceito e estereótipo, o novo filme, que celebra o Dia dos Namorados,

faz um novo convite à mistura de atitudes, cores e estampas como forma de expressão. A C&A reforça que o respeito à diversidade, inclusive de opiniões, sempre foi um dos princípios da marca.[19]

Figura 3.4: Campanha da C&A

Fonte: https://www.youtube.com/watch?v=vevC0nutVIs&embeds_referring_euri=https%3A%2F%2Fwww.meioemensagem.com.br%2Fcomunicacao%2Fdiante-de-polemica-ca-defende-diversidade&source_ve_path=Mjg2NjY&feature=emb_logo.

A campanha da C&A é um exemplo de comunicação de impacto social porque quis chamar a atenção para uma mudança de comportamento social e ainda conseguiu abrir portas comerciais para vender seus produtos, neste caso roupas para públicos variados, e assim conseguir mais retorno financeiro.

O destaque é que a empresa mantém até hoje um posicionamento voltado à diversidade em sua comunicação.

---

19. Disponível em: https://www.meioemensagem.com.br/comunicacao/diante-de-polemica-ca-defende-diversidade.

E, mesmo sendo o foco da campanha comercial, venda de produtos, ainda assim trabalhou no campo da consciência, da reflexão, pois, ao apoiar ou criticar o comportamento, o público reforçou o objetivo que era trazer o pensar sobre o tema.

Podemos afirmar que, atualmente, com mais informação e conhecimento sobre diversidade, talvez esta campanha não causasse tanta polêmica, pois é mais fácil de encontrar em 2024 marcas que falam e apresentam o tema diversidade e inclusão.

Em um contexto mais diferenciado e em uma época mais distante, nos anos 1980 e início dos anos 1990. A empresa italiana, também de moda, United Colors of Benetton causou muita polêmica com suas campanhas publicitárias.

Nesse período, as campanhas eram lideradas pelo fotógrafo Oliviero Toscani. Em matéria da revista *Propmark*, há a afirmação:

> Entre os anos 80 e 90 Benetton e Toscani impactaram o mundo da propaganda utilizando figuras em suas campanhas como um aidético deitado em uma cama de hospital. Mais recentemente, em campanha pela paz, a marca criou peças em que líderes mundiais se beijam na boca. Além disso, a luta contra o preconceito racial é uma bandeira que a empresa já levanta em sua comunicação há bastante tempo, muito antes deste "despertar" das marcas pela causa.[20]

Realmente, os anúncios da Benetton sempre causaram um incômodo nas pessoas, pois traziam reflexões muito fortes, como o cartaz abaixo:

---

20. Disponível em: https://propmark.com.br/nova-campanha-da-benetton-e-um-tapa-na-cara-do-preconceito/.

Figura 3.5: Campanha da Benetton

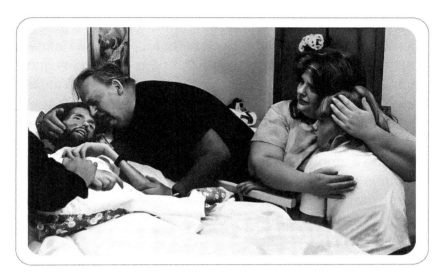

Fonte: https://www1.folha.uol.com.br/fsp/especial/fotos/img64.htm.

Uma campanha de moda que traz uma família perdendo seu filho para, naquela época, uma doença terminal, que era AIDS.

A empresa teve muitas campanhas polêmicas que já mostravam seu posicionamento de conscientização e de levar luz aos problemas sociais. Entretanto, como marca, a Benetton teve problemas financeiros, porque muitos de seus clientes começaram a ter medo de usar uma marca de roupa que se associava às questões que poderiam ser muito criticadas, mesmo em uma época em que não havia redes sociais.

A Benetton foi uma empresa que também utilizou a comunicação para trazer o impacto social nas suas campanhas, mas em uma época em que as imagens não tinham legendas e não podiam ser explicadas, então as opiniões eram construídas apenas pelas percepções das pessoas, e não havia um diálogo, e isso prejudicou a marca.

É importante ressaltar que o posicionamento de uma marca não é uma discriminação. Embora algumas pessoas possam discordar desse posicionamento, isso não afeta a empresa de forma negativa, pois também há aqueles que o apoiam e o defendem. No caso da Benetton, porém, a ausência de diálogo e o uso exclusivo de imagens impactantes e chocantes não geram uma divisão equilibrada de opiniões. Em vez disso, a maioria do público se posiciona contra a forma como a empresa transferiu sua comunicação.

Vimos até agora campanhas mais antigas de comunicação de impacto, mas, recentemente, na pandemia houve uma campanha da empresa Natura, em 2020, que gerou discussão nas redes sociais.

Thammy Miranda é um artista/político transgênero amplamente conhecido pelo público, especialmente por ser filho da cantora Gretchen, ícone das décadas de 1980 e 1990. Em agosto de 2020, a empresa de cosméticos Natura firmou uma parceria com Thammy, que é casado e pai, para uma campanha especial do Dia dos Pais.

Entretanto, a empresa foi muito criticada por trazer um homem não cisgênero como exemplo de pai na campanha *online*. Na época foi criada uma *hashtag* (#naturanão) por pessoas que queriam boicotar a empresa.

A empresa se defendeu dizendo que apoia a diversidade e tem esta como seus valores.

Assim como a empresa C&A, a Natura trouxe uma reflexão sobre a paternidade e, mesmo criticada, foi muito elogiada por seguidores nas redes sociais. Neste caso, diferentemente da Benetton, os comentários geram mais engajamento nas redes sociais e mais benefícios para a marca, pois, além de poder se explicar, pôde trazer mais abertamente seus valores.

A campanha de Dia dos Pais escolheu outros influenciadores digitais para promovê-la, mas a que causou discussão foi a postagem abaixo:

Figura 3.6: Thammy Miranda em campanha para Natura

Fonte: Reprodução/página do Facebook de Thammy Miranda. Disponível em: https://www.facebook.com/photo.php?fbid=10158483996204243&set=t.100044433699515&type=3.

Observamos que as empresas mencionadas buscaram causar impacto e transformar comportamentos. Mesmo que nem todas tenham sido bem-sucedidas, ainda assim tiveram o propósito de estimular a sociedade a refletir sobre os temas envolvidos. Embora essas marcas não tenham conseguido influenciar comportamentos por meio de uma participação genuína dos indivíduos (White, 1994), sua atuação gerou um ganho social ao trazer visibilidade para os temas, promovendo debate e reflexão.

Outras empresas e marcas já trabalham esse processo de influenciar comportamentos e trazer uma participação genuína de uma forma mais organizada e estruturada que não é somente campanha publicitária.

Essa maneira mais organizada tem um nome: *marketing* relacionado às causas.

O *marketing* de causas não é possível sem que haja uma gestão realmente sustentável, pois, conforme foi visto anteriormente, a sustentabilidade é complexa e abrangente, mas ações relacionadas à causa auxiliam as organizações a conseguirem destaque em um mercado muito competitivo e com produtos e serviços com pouca diferenciação.

Kotler e Keller (2006, p. 20) confirmam o papel do *marketing* de causas:

> As empresas veem o marketing de causas como uma boa oportunidade para melhorar sua reputação, aumentar a consciência de marca, aumentar a fidelidade do cliente e obter mais vendas e exposição na mídia. Elas acreditam que os clientes tenderão a procurar, cada vez mais, sinais de boa cidadania corporativa que vão além do fornecimento de benefícios racionais e emocionais.

Eis que surge uma dúvida: será realmente que os consumidores compreendem a importância do *marketing* relacionado à causa?

Será que os consumidores mudam seu comportamento de compra sob a influência de uma campanha de *marketing* relacionado à causa?

Realmente, o comportamento do consumidor foi modificado ao longo dos anos, e com a extensa divulgação dos temas de sustentabilidade, ESG, economia circular, o consumidor começou a perceber que as empresas podiam e deveriam realizar ações que ultrapassem seu escopo de venda de produtos e serviços.

Os consumidores sofrem influências culturais, sociais, pessoais e psicológicas.

Segundo Kotler e Keller (2006), as influências culturais são determinantes no comportamento de uma pessoa. Essas influências remetem à infância e à assimilação de valores aprendidos durante os anos. Os fatores sociais estão ligados a grupos de referência (meios onde o indivíduo vive), à família, aos papéis sociais que são modificados durante os anos, como o papel de filho, de profissional, de pai ou mãe, e ao *status*, ao nível que adquiriu com a obtenção de bens materiais. Os fatores pessoais relacionam-se ao estilo de vida e aos valores, à idade e às condições econômicas. Já os fatores psicológicos são muitos, e abrangem desde a motivação, a percepção até a aprendizagem e a memória.

O *marketing* de causa precisa compreender essas influências, às quais os consumidores são submetidos, pois, se ele não relacionar uma causa que seja receptiva aos consumidores, esse projeto não se realizará com sucesso.

Por esse motivo, as empresas estão relacionando suas causas à própria gestão de sustentabilidade.

As empresas estão propondo causas que se alinhem com os seus valores e com as práticas de sustentabilidade, já realizadas pela organização.

Vamos ver alguns exemplos de empresas que divulgam práticas e entender os conceitos.

Figura 3.7: Campanha do Instituto Ronald McDonald

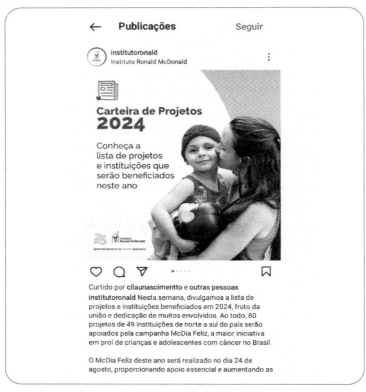

Fonte: Reprodução/Instagram Instituto Ronald McDonald – @institutoronald.

O McDia Feliz é o principal evento beneficente do McDonald's e uma das maiores mobilizações em prol de crianças e jovens no Brasil. Este evento acontece desde 1988, e reverte toda a renda obtida com a venda de sanduíches Big Mac para causas sociais.

Como o McDonald's, empresa varejista de *fast food*, promove o *marketing* relacionado às causas?

A empresa de *fast food*, comida rápida, faz uma campanha, geralmente anual, escolhendo um dia para que o sanduiche

Big Mac seja vendido com renda revertida. A causa está alinhada ao Instituto Ronald McDonald, a organização social da empresa que oferece suporte a crianças e adolescentes com câncer, além de suas famílias, proporcionando mais saúde e qualidade de vida.

A edição de 2022 do McDia Feliz contou com uma arrecadação recorde de R$ 25,8 milhões. Esse valor significativo financiou 64 projetos em 51 instituições que trabalham com oncologia pediátrica, em 19 estados brasileiros e no Distrito Federal. Desde seu início, a campanha já arrecadou mais de R$ 375 milhões, e ajudou a transformar a vida de milhares de crianças e jovens em todo o Brasil.

Este é um exemplo de que a causa já está presente nos valores da empresa, e a mesma procura disseminar por meio de campanhas de comunicação e *marketing* para dar visibilidade.

Algumas empresas não têm uma causa específica e podem se associar às causas que são promovidas por instituições sociais.

Um exemplo é o Teleton, que é um programa de televisão que se dedica a arrecadar fundos para instituições beneficentes, geralmente voltadas para ajudar pessoas com deficiências ou necessidades especiais. Originalmente criado nos Estados Unidos, em 1966, por Jerry Lewis para apoiar a Associação de Distrofia Muscular, o conceito do Teleton se espalhou para outros países, onde é usado para apoiar diferentes causas sociais.

A versão brasileira do Teleton é uma iniciativa do SBT (Sistema Brasileiro de Televisão) em parceria com a AACD (Associação de Assistência à Criança Deficiente). No Brasil, o Teleton é transmitido anualmente e conta com a participação de diversas celebridades, artistas, jornalistas e personalidades do entretenimento, que se unem para ajudar a arrecadar fundos para a AACD. O evento geralmente tem duração de

24 horas e inclui apresentações musicais, entrevistas e histórias inspiradoras de pacientes da AACD.

O dinheiro arrecadado durante o Teleton é usado para financiar tratamentos, terapias e programas que auxiliam crianças e adultos com deficiência, contribuindo para sua reabilitação e melhoria na qualidade de vida. A iniciativa também ajuda a aumentar a conscientização sobre questões relacionadas às pessoas com deficiências, promovendo inclusão e acessibilidade.

Figura 3.8: Virginia e Zé Felipe no Teleton

Fonte: Reprodução/Instagram – @teletonofivial e @aacdoficial.

Nesse evento, as marcas fazem uma associação, por meio de patrocínio, à causa de crianças e adultos com deficiências. O evento também conta com muitas celebridades para suscitar o interesse e despertar a consciência sobre o tema (ver Capítulo 2, objetivos da comunicação).

Dessa forma, a marca faz associação com algo positivo para a sociedade, e isso melhora a reputação das empresas que são patrocinadoras.

O último exemplo de como uma empresa pode usar causas a seu favor é o da empresa Amil, de hospitais e saúde.

Em 2016, a empresa lança uma campanha contra a obesidade infantil. Por ser uma empresa voltada à saúde, a causa está relacionada com a sua essência de negócios, pois a obesidade infantil pode gerar vários problemas de saúde para crianças e adolescentes, e isso pode ser prejudicial para a empresa também, que pode ter perdas financeiras.

O *marketing* relacionado às causas não significa que a empresa é "boazinha" e pensa somente no bem da sociedade. Isto não é verdade, a empresa é uma instituição que visa o lucro e o dinheiro para também poder estruturar seus processos internos.

Acesse o QR Code 14 ou o *link* para para mais informações:

https://g1.globo.com/economia/midia-e-marketing/noticia/2016/01/em-campanha-filhos-incentivam-pais-dizer-nao-e-impor-limites.html

A comunicação e o *marketing*, como vimos neste capítulo, são ferramentas e instrumentos para a disseminação da sustentabilidade e de todos os temas que a envolvem.

No entanto, uma empresa que consiga se vincular às causas que beneficiem a sociedade irá gerar um valor muito positivo para a marca, irá trazer um impacto social transformador, pois atualmente as empresas não possuem somente o papel de produção e venda de produtos e serviços, mas, sim, o papel de representantes de um setor dentro da sociedade e um setor que interage diretamente com os mais variados públicos.

3.4 EXERCÍCIO DE ASSIMILAÇÃO

Planejamento ao inverso

Escolha uma campanha de comunicação. Esta campanha pode ser institucional ou mercadológica.
Apresente peças de comunicação e procure responder:
Qual era o racional da campanha?

_____
_____
_____
_____

Quem foi o público-alvo? (Para quem essa campanha foi realizada.)

_____
_____
_____
_____

Quais instrumentos/ferramentas de comunicação foram utilizados?

_____
_____
_____
_____

Quanto tempo durou a campanha?

REFERÊNCIAS BIBLIOGRÁFICAS

CEBDS. **Relatório Reporting Matters Brasil 2023**. 2023, p. 49. Disponível em: https://cebds.org/en/publicacoes/relatorio-reporting-matters-brasil-2023/. Acesso em: 4 abr. 2025.

COGO, R. S. **Storytelling:** as narrativas da memória na estratégia da comunicação. São Paulo: Aberje, 2016.

KELLER, K. L.; MACHADO, M. **Gestão estratégica de marcas**. Tradução: Arlete Simille Marques. São Paulo: Pearson Prentice Hall, 2005.

KOTLER, P.; KELLER, K. L. **Administração de Marketing**. **São Paulo:** Pearson Prentice Hall, 2006, p. 20.

KUNSCH, M. M. K. **Planejamento de relações públicas na comunicação integrada**. São Paulo: Summus Editorial, 2003.

LEE, N.; KOTLER, P. **Social marketing:** influencing behaviors for good. Thousand Oaks, CA: Sage Publications, 2011.

MELKOTE, S. R. Theories of development communication. In: MODY, B. (Org.). **International and development communication:** a 21st century perspective. Thousand Oaks: Sage Publications, 2003. p. 129-146.

MELKOTE, S. R.; STEEVES, H. L. **Communication for development in Third World.** Theory and practice for empowerment. 2nd ed. Thousand Oaks: Sage Publications, 2001.

WHITE, S. A.; NAIR, S.; ASHCROFT, J. **Parcipatory communication:** working for change and development. New York: Sage Publications, 1994.

YANAZE, M. H. **Gestão de marketing e comunicação:** avanços e aplicações. 3. ed. São Paulo: Saraiva, 2021.

YANAZE, M. H.; FREIRE, O.; SENISE, D. **Retorno de investimentos em comunicação:** avaliação e mensuração. São Caetano do Sul: Difusão, 2010.

CAPÍTULO 4

PERSPECTIVAS DO *MARKETING* E DA COMUNICAÇÃO PARA A SUSTENTABILIDADE

O último capítulo do livro está dedicado a olhar o futuro do *marketing* e da comunicação sustentável.
Tentar compreender o futuro sempre foi um desejo humano, desde a Antiguidade. Quem nunca se perguntou: o que vai acontecer na minha vida? O que aquela pessoa sente por mim? Como estarei daqui a 10 anos?

Por isso sempre existiram profissões e profissionais voltados a entender o futuro, como astrólogos, tarólogos, entre muitos outros, e cada país, cada cultura tem seu xamã, seu guia para orientar as pessoas no que devem fazer e como devem lidar com o futuro.

Entretanto, para a sustentabilidade e todas as suas vertentes, não temos alguém ou algo que possa nos dizer com toda certeza o que irá acontecer.

O futuro não se constrói olhando apenas para frente, o futuro se constrói quando as lições vividas se tornam um processo de aprendizagem contínua, e dessa forma podemos compreender como vamos conduzi-lo, o que podemos ou não realizar, o que foi ou não efetivo para nossas vidas e para as vidas das pessoas ao nosso redor.

Essa mesma lógica de futuro serve para as empresas, aqui vamos olhar tendências por meio do que a sociedade tem vivenciado.

O futuro não está escrito em pedra, ele é altamente mutável, e isso se faz muito interessante, por isso o capítulo vai dissertar sobre as tendências.

Aqui veremos, além das últimas tendências sobre o tema, perspectivas de futuro, o que pode direcionar melhor as estratégias de comunicação e *marketing*.

Lembrando que não há nenhuma pesquisa específica que mostre como estarão a comunicação e o *marketing* para a sustentabilidade no futuro.

Vamos falar de maneira separada sobre tendências de comunicação, tendências de *marketing* e tendências de sustentabilidade, e assim organizar este quebra-cabeça para que você possa construir um futuro mais sustentável.

A minha pretensão não é ter uma bola de cristal e adivinhar como estarão as ações de comunicação e *marketing* que disseminam a sustentabilidade, mas, sim, mostrar um direcionamento, propostas que já estão acontecendo e que poderão se tornar mais próximas do nosso cotidiano em alguns meses e anos.

Em um artigo para a revista *Meio & Mensagem*, voltada aos profissionais de comunicação e *marketing*, Angélica Consiglo, CEO da agência Planin, aborda 24 tendências da área para 2024. Vamos ver algumas que podem ajudar a ilustrar perspectivas gerais de um futuro próximo do *marketing* e da comunicação.

A primeira citada é que os públicos com quais as empresas interagem estão cada vez mais poderosos, isso significa que as pessoas têm mais poder de voz, principalmente pelos meios digitais e para a comunicação e o *marketing* sustentável isso pode ser um desafio se a empresa não se dispõe a conversar e ser transparente. As empresas e organizações, até mesmo influenciadores, estão sendo muito pressionados por atitudes coerentes e que valorizem a sustentabilidade.

Essa tendência, tão presente atualmente, está intrinsecamente ligada a outra tendência citada no artigo, que é a do propósito como diferencial estratégico.

A questão do propósito foi citada no Capítulo 3, em Comunicação para o impacto social, pois marcas com propósito e que utilizam a comunicação para gerar um impacto positivo na sociedade podem gerar uma conexão mais genuína com seus públicos, e como consequência criar uma reputação mais forte.

Outra tendência que aparece no artigo é a importância de que o tema diversidade e inclusão está sendo debatido pelas empresas e isso se liga à tendência de humanização nas narrativas, ou seja, empresas são construídas por pessoas que falam com pessoas e, portanto, sua comunicação e seu *marketing* devem retratar o lado humano com um conteúdo direcionado e mais atraente, principalmente para as novas gerações.

Uma tendência descrita por Angélica é a identidade virtual dos executivos. Hoje em dia, o que um executivo ou uma executiva fala ou como se posiciona é o caminho para a sustentabilidade e para representar a empresa no tema, mas também pode ser uma ferramenta que prejudique a empresa e o(a) executivo(a), caso este não queira se posicionar, principalmente aos acontecimentos atuais e que se relacionam de maneira direta ou indireta com as ações das empresas.

Nas próximas páginas veremos mais estudos que procuram prever tendências e comportamentos relacionados ao *marketing*, à comunicação e à sustentabilidade.

Segundo o estudo Marketing Trends 2024, da Kantar,[21] um estudo global que sai anualmente e apresenta as 10 principais tendências que irão nortear as ações dos profissionais de comunicação e *marketing* das empresas e agências, a

---

21. Disponível em: https://www.kantar.com/campaigns/marketing-trends-2024.

primeira tendência, já bem debatida nos últimos dois anos por várias instituições, é o uso da inteligência artificial, como ChatGPT, por exemplo, e que 67% dos profissionais das áreas estão animados sobre a possibilidade de uso dessas ferramentas no *marketing*.

A segunda tendência é que a cultura corporativa virá em primeiro lugar na hora de os consumidores escolherem os produtos e serviços, pois 80% farão um esforço para comprar de empresas que apoiam causas relevantes.

E aqui já podemos fazer uma conexão com o artigo da Angélica, na revista *Meio & Mensagem*, que também dá destaque ao propósito, portanto, às empresas valorizarem as causas e assumirem o protagonismo diante delas.

A terceira tendência aborda a questão da perda de controle das marcas diante do uso de influenciadores. Segundo o estudo, metade dos profissionais de *marketing* em todo o mundo afirmam ter investido em conteúdo de influenciadores em 2023, e 59% dizem que aumentarão o investimento em influenciadores em 2024. Esta tendência também se relaciona com construir uma cultura de propósito e fazer com que a cultura empresarial gere um impacto positivo para a sociedade.

A quarta tendência é dar sentido à atenção e à emoção do público, e a maioria é fazer com que as métricas, principalmente nas mídias digitais, não estejam apenas relacionadas com a quantidade de visualizações, mas também com o tempo de visualização e a atenção criativa dos consumidores. Em um mundo com um volume tão alto de mensagens e anúncios, entender o quanto e como os consumidores absorvem a informação disponibilizada é uma grande oportunidade de diferenciação para as marcas.

A quinta tendência mostra que a temática da sustentabilidade aparece como uma métrica para o *marketing* e a comunicação das empresas. Segundo o estudo, em 2024, haverá uma mudança em direção à inovação sustentável, à comunicação inclusiva e às relações públicas estratégicas para fomentar a confiança. Os consumidores estão buscando empresas que contribuam para soluções ambientais e sociais (conexão com a cultura de propósito e o impacto positivo), como refletido no crescimento de 31% das marcas de sustentabilidade mais bem classificadas no Kantar BrandZ, em 2021.

Realmente, estamos vivenciando uma era em que as pessoas estão mais conscientes, e essa expansão da consciência ajuda as empresas a terem mais responsabilidade diante de suas ações. Segundo a pesquisa, em 2021, foram 26% de empresas que incorporaram a sustentabilidade na sua comunicação, e, em 2023, foram 42%.

A sexta tendência aborda a inovação como um salto para as empresas crescerem, e que 57% dos profissionais de *marketing* reconhecem que inovar em sustentabilidade leva a uma vantagem competitiva.

A sétima tendência mostra a conscientização das pessoas, pois apresenta que uma a cada duas pessoas prefere comprar de marcas locais (pequenas empresas) a comprar de grandes marcas. Isso não significa que marcas globais vão deixar de existir, mas que estarão mais direcionadas, serão mais "nichadas",[22] vão precisar trabalhar mais as redes sociais e influenciadores, e liderar com propósito e inovação sustentável.

A oitava tendência apresenta que marcas aumentarão o poder de precificação, e isso está relacionado ao valor que elas geram para seus consumidores e como são percebidas por eles. Isso faz muito sentido, se pensarmos que consumidores estão mais dispostos a comprar um produto e/ou serviços que ofereça mais propósito e integre os valores que este consumidor compartilha.

---

22. Nichada é um termo utilizado para nicho, portanto, um público bem específico de clientes.

A nona tendência está relacionada ao mundo digital, e estima-se que ocorram 6,3 milhões de pesquisas no Google a cada minuto, a partir de 2023. Com esse volume de informações disponíveis as empresas precisaram repensar nas suas estratégias digitais.

A última tendência em *marketing* está relacionada com o crescimento da mídia de varejo. Segundo a pesquisa, 46% dos profissionais de *marketing* global dizem que aumentarão seu orçamento para a mídia de varejo.[23]

O *Marketing Trends* apresentou como o mundo corporativo vem se estabelecendo de 2023 a 2024 e mostrou ações que já estão acontecendo e provavelmente se potencializarão nos próximos meses.

Outro estudo que queremos abordar aqui já está mais direcionado para ações de comunicação, e vamos apresentar duas pesquisas: a primeira é o *Communications Trend Radar 2024*, que é um estudo global de Comunicação realizado pela Gunter Thiele Foundation, e outro é o *Latin American Communication Monitor*, que acontece globalmente, mas nele temos um recorte da América Latina, o que nos ajuda chegar a um diagnóstico ou a uma previsão de futuro mais precisa, pois a comunicação é bem dinâmica, abrangente e pode se modificar de país para país, de região para região.

Vamos começar pelo *Latin American Communication Monitor* (2022-2023), que é um estudo que ocorre bianualmente – o último foi lançado em 2022 e o seguinte, até a edição final deste livro, ainda não havia sido lançado.

O importante neste estudo é o que ele retrata como perspectiva da comunicação empresarial por meio de respostas de 1.134 profissionais de relações públicas e comunicação de 20 países da América Latina. A perspectiva citada mostra

---

23. Mídia de varejo é uma publicidade na qual o varejista disponibiliza espaços publicitários em propriedades específicas para vender produtos.

os desafios encontrados pela área de comunicação para os próximos anos.

Os temas principais do estudo são:
- Diversidade, Equidade e Inclusão (DEI) como um desafio para a profissão.
- Liderança empática em equipes de comunicação estratégica e relações públicas.
- CommTech e a transformação digital da comunicação estratégica e relações públicas.
- Consultoria externa em comunicação estratégica e relações públicas: complexidade, qualidade e tendências.
- Temas estratégicos e práticas de comunicação e de relações públicas.
- Salários em comunicação estratégica e relações públicas na América Latina.

Para este livro vamos focar em alguns dos tópicos abordados que representam como está atualmente a comunicação nas empresas e como poderá ficar em um futuro próximo.

O tema Diversidade, equidade e inclusão, que já apareceu no Capítulo 3, está sendo reforçado como uma tendência e, mais do que isso, como um desafio para profissionais de comunicação que precisam, além de incluir a pauta na comunicação com os públicos externos, também devem incluí-la em ações internas e coerentes, porém os responsáveis pela comunicação e pelas relações públicas não são quem lidera essas ações, quem estrutura as ações para realizá-las, e isso pode causar um conflito entre ação e comunica+ação = comunicação.

Outro ponto interessante apresentado pela pesquisa foi que profissionais de comunicação na América Latina ainda prestam pouca atenção na CommTech, ou seja, comunicação tecnológica (uso de ferramentas digitais),[24] mesmo com uma rápida transformação digital na sociedade. Ainda assim, três a cada cinco profissionais de comunicação consideram que a CommTech vai mudar sua realidade de trabalho. Apenas 33,5% adotaram o uso das tecnologias de comunicação em muitas atividades da área acima da média.

No tópico Consultoria externa em comunicação estratégica e relações públicas: complexidade, qualidade e tendências, o estudo mostra que 86,8% estão totalmente de acordo que a profissão precisa de padrões que guiem a qualidade dos serviços oferecidos nas consultorias de comunicações, e 88,7%, que é necessária a criação de padrões para que os clientes deem valor a essas consultorias.

O último tópico que vamos abordar aqui será o de Temas estratégicos e práticas de comunicação e de relações públicas.

Os temas abaixo serão os mais importantes para a área de comunicação até 2025:

1. Fortalecer o papel da comunicação para apoio na tomada de decisões dos altos executivos de uma empresa.
2. Conectar as estratégias da organização com as ações de comunicação.
3. Lidar com a velocidade e o fluxo de informação.
4. Usar *big data*/algoritmos para comunicação.
5. Explorar novos modos de criação e distribuição de conteúdo.

A comunicação e o *marketing* sustentáveis ainda têm grandes desafios, principalmente, em alcançar a alta direção das empresas e convencê-la da relevância do tema e como conectar essa comunicação à estratégia, à essência de

---

24. Em 2022 e 2023 ainda não se falava tanto em inteligência artificial (IA) para as atividades de comunicação, mas veremos isso na próxima pesquisa Communication Radar Trends 2024.

negócio de uma maneira eficiente, transparente e que cause um impacto positivo.

Lidar com o volume de informações que recebemos e precisamos disseminar diariamente é um tema a ser pensado e repensado pelos profissionais de comunicação, principalmente ao comunicar ações de sustentabilidade.

Este tema está ligado ao uso da *big data*/algoritmos tanto para comunicar quanto para compreender melhor a audiência, seu público, e criar assim mensagens mais direcionadas, o que se conecta ao último tema que explorar novos modos de criação e distribuição de conteúdo.

Agora vamos para o *Communications Trend Radar 2024,* que traz atualizações sobre algumas tendências já abordadas pelo *Latin American Communication Monitor*.

O estudo aponta cinco tendências e é publicado anualmente, são elas:
- Inflação da informação.
- Alfabetização em IA.
- Mudança na força de trabalho.
- Integridade de conteúdo.
- Decodificando humanos.

Vamos analisar este estudo de maneira diferente, primeiro vamos entender as duas tendências ligadas diretamente à tecnologia: alfabetização em IA e decodificando humanos.

Em pouco menos de dois anos, a IA se tornou assunto para muitos profissionais e empresas, mas nem todos estão preparados para esta transformação, por isso a tendência é se alfabetizar no tema.

Segundo o estudo,
> Além de se familiarizarem com a IA, líderes de comunicação devem se engajar ativamente com as questões, necessidades e preocupações de *stakeholders* internos e

externos sobre práticas de comunicação impulsionadas por IA. Eles precisam avaliar a alfabetização em IA atual e em evolução daqueles que representam uma organização (por exemplo, comunicadores profissionais, alta administração, embaixadores de funcionários) e seus potenciais públicos.[25]

Como o uso da inteligência artificial estão crescendo ferramentas tecnológicas (baseadas em IA, também) como *hardwares* avançados para capturar dados fisiológicos e comportamentais dos consumidores e de vários públicos e analisá-los. Uma forma de usar essas novas tecnologias é na mensuração da eficácia das mensagens distribuídas pelas empresas, além de pensar nas questões éticas e morais do uso dessas tecnologias.

As tendências de inflação da informação e da integridade dos conteúdos também estão relacionadas, pois as duas pesquisas mostram que o volume de informação cresce a cada dia, mas no *Communication Trend Radar* apresenta que o volume de informação faz com que ela perca a qualidade e entre em um processo de declínio do seu valor.

Este é um grande desafio para uma empresa que queira comunicar ações de sustentabilidade que já estão tão divulgadas por todos, de uma maneira superficial, e associar o valor desta ação sustentável com os valores da empresa, à sua essência de negócio e o quanto isso traz retorno para a sociedade, isso é uma forma inovadora de se criar conteúdo com mais integridade e realmente conectado com os desafios globais.

A última tendência que vamos abordar é a mudança na força de trabalho. A pandemia trouxe muitas alterações na

---

25. Disponível em *Communications Trend Radar 2024*, p. 5.

forma como todos trabalhamos e como comunicamos nossas práticas e conceitos. Essa mudança cultural influencia a forma como as empresas se comunicam, e isso altera os processos comunicacionais.

Como podemos ver até aqui as pesquisas e os estudos apresentados imergem em alguns pontos e divergem em outros, mas todos levam para desafios da comunicação atuais e futuros.

Por último, gostaria de compartilhar uma pesquisa recente da Kantar, o *Data Stories nº 40*,[26] que apresenta dados do mercado publicitário e mostra o crescimento de 8% de 2022 para 2023 em compra de mídia pelas empresas. As marcas estão utilizando uma estratégia *crossmedia* para comunicar sobre seus produtos e serviços, portanto, estão utilizando mais meios de comunicação.

A Kantar também aponta em outra pesquisa – *Inside Video 2024 –*[27] que a comunicação audiovisual está presente em 99,63% dos lares brasileiros e que 54% afirmam que acham que a propaganda na televisão é interessante e proporciona assunto para conversa.

Esses dados mostram o quanto as organizações podem usar esses meios de comunicação para falar de sustentabilidade e das suas práticas.

No próximo tópico, vamos entender de maneira mais aprofundada algumas tendências já vistas e sua relação com a sustentabilidade.

---

26. Disponível em: https://my.visme.co/view/3194opv1-data-stories-ed-40-inside-advertising.
27. Disponível em: https://kantaribopemedia.com/inside-video-2024-2/?submission Guid=0547590c-c14c-467b-aec1-e6d8f6f6c341.

4.1. TENDÊNCIAS

Como falamos no início deste capítulo, não há muitos meios precisos para visualizarmos o futuro da comunicação sustentável, mas há diversas pesquisas (que foram apresentadas no tópico anterior) das quais podemos ter uma base para planejar e diagnosticar o futuro, criar cenários e procurar resolvê-los.

Vou apresentar a única pesquisa específica, recente, sobre o tema: *Sustainable Marketing 2030*.

Este estudo foi realizado pela Kantar, em 2023, com 938 profissionais de comunicação e *marketing* de diversas empresas e em 48 países. O objetivo foi trazer informações e dados para reimaginar o papel do *marketing* dentro dos negócios, das empresas e na sociedade, para ajudar o *marketing* a se tornar parte da solução.

As cinco principais tendências (chamadas de níveis nesta pesquisa) são:

- Primeiro, a sustentabilidade: aborda que a sustentabilidade precisa ser vista como parte do todo (reveja o Capítulo 1).
- Inovação radical: a inovação em sustentabilidade deve ser tida como uma oportunidade estratégica de transformação.
- Relacionamentos transformadores: as relações devem ser mais genuínas e não apenas focar em trocas comerciais (reveja o Capítulo 3).
- Criatividade em ação: favorecer a criatividade do *marketing* fundamentada em ações concretas de sustentabilidade.
- Redefinição de valores: trazer uma visão mais integrada de sucesso que contenha métricas sociais e ambientais de impacto.

Se pensarmos um pouco sobre essas tendências apresentadas pela pesquisa, já foram vistas neste livro, porque as tendências em sustentabilidade são apresentadas de uma maneira de aprendizado de ações vivenciadas que deram ou não deram certo.

A ideia aqui é também discorrer sobre alguns dados da pesquisa que podem ilustrar um caminho para o *marketing* e a comunicação sustentável.

Segundo a pesquisa, 60% dos entrevistados afirmam que os profissionais e as empresas têm um conjunto de habilidades únicas para liderar esta era de transformação sustentável, porém o avanço neste quesito está ainda muito lento.

O estudo anterior, de 2021, apresenta que 29% das empresas estão bem avançadas com as habilidades de transformação, lembrando que um estudo no início da pandemia mostrou que houve muitas mudanças culturais e sociais tanto de comportamento quanto de práticas empresariais. Entretanto, no estudo de 2023, houve uma queda, e apenas 15% das empresas estão bem avançadas nas habilidades de transformação para a sustentabilidade. Isto mostra o quanto de desafio ainda existe para compreender e comunicar de maneira sustentável.

O estudo apresenta dados de outras pesquisas da Kantar sobre comportamento sustentável.

Figura 4.1: Pesquisa da Kantar

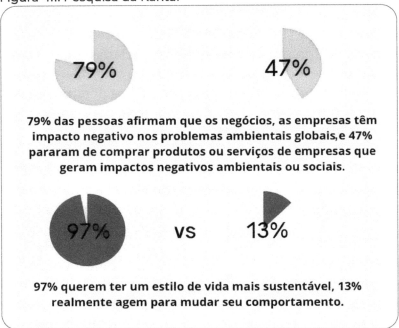

Fonte: Adaptado de: *Sustainable Marketing 2030*, p. 12.

Outro dado importante é que poucas pessoas estão dispostas a mudar o comportamento, 97% querem ter um estilo de vida mais sustentável, mas apenas 13% realmente agem para mudar seu comportamento.

Então, podemos entender até aqui que pessoas culpam as empresas sobre impactos negativos na sociedade, porém não estão muito dispostas a mudar seus hábitos, isso significa que as empresas têm uma responsabilidade maior de educação das pessoas para a sustentabilidade.

Essa análise está de acordo com o que os profissionais de *marketing* e comunicação pensam: 82% concordam que empresas devem comunicar seus esforços em sustentabilidade, e serem transparentes nas suas comunicações é uma maneira de mostrar a autenticidade que os consumidores estão buscando, 89% afirmam que é tranquilo dizer que uma companhia não resolveu todos os seus problemas relacionados à sustentabilidade.

Os marketeiros e comunicólogos do mundo (93%, dado que cresceu da última pesquisa de 2021) estão de acordo que as marcas devem ajudar as pessoas a viverem de maneira mais sustentável e que o *marketing* pode fazer a diferença na jornada da sustentabilidade (93% em 2023 *versus* 95% em 2021).

Para cada um dos cinco níveis de tendências abordadas no estudo, foram informados 21 atributos relacionados. Vamos ver quais foram definidos:

- **Primeiro a sustentabilidade:** contribuição da marca claramente expressa, marca direciona ações de sustentabilidade, entendimento de uma cadeia de valor mais ampla, e priorização do impacto a longo prazo da sustentabilidade, ao invés do impacto de curto prazo financeiro.
- **Inovação radical:** transformar todo o portfólio de produtos e serviços, ênfase em novos modelos de negócios e propor a ter riscos e experimentar.
- **Relacionamentos transformadores:** parceiros internos para a cadeia de suprimentos mais sustentável, mensuração e incentivo de parceiros e colaboração entre setores para diminuir o impacto da fabricação das indústrias.
- **Criatividade em ação:** orgulho em contar histórias de sustentabilidade, normalização de comportamentos sustentáveis, visão de vida sustentável de qualidade, avaliação do impacto da sustentabilidade, comunicação alinhada com leis e regulamentos e declarações ambientais baseadas realmente em todo o ciclo de vida de um produto.

- **Redefinição de valores:** sustentabilidade entra na visão geral do *marketing*, uma mensuração confiável sobre o impacto das ações de *marketing*, lucros que estejam a serviço do planeta e dos públicos que interagem, decisões de investimento que considerem o impacto no planeta e metas de meio ambiente (conservação) como parte de bônus financeiro.

Os 21 atributos apresentados discorrem sobre uma mudança de comportamento tanto de empresas/marcas quanto de indivíduos. É possível ver que indivíduos estão cada vez mais conscientes do impacto que as empresas geram – tanto positivo quanto negativo –, e isso está fazendo com que os mesmos pressionem grandes corporações a mudarem seus comportamentos e processos produtivos. Ao serem pressionadas, as grandes corporações começam a disseminar mais práticas sustentáveis de sucesso, o que ajuda mais indivíduos a conhecerem e também a terem a oportunidade de incorporar em suas vidas práticas sustentáveis.

No primeiro nível "Primeiro a sustentabilidade", 30% dos profissionais de *marketing* afirmam que a sustentabilidade como uma função isolada é um desafio-chave para alcançar a agenda de sustentabilidade. A sustentabilidade precisa estar totalmente integrada à estratégia de negócios para depois ser incorporada pelo *marketing* e pela comunicação.

No segundo nível, "Inovação radical", o desafio é que 74% dos profissionais de *marketing* afirmam que a inovação sustentável está apenas no descarte de resíduos *versus* 47% que afirmam que esta inovação está em processo produtivo. Práticas sustentáveis são úteis em toda cadeia produtiva, incluindo o descarte/lixo, porém quando a maioria das empresas só pensa na etapa final de produção, elas não estão pensando em todo o processo e, portanto, não estão inovando de maneira profunda, apenas superficial, ou essencial. Mudar a cadeia produtiva é um grande desafio, mas é o que vai fazer a empresa realmente absorver a inovação.

No terceiro nível, "Relacionamentos transformadores", a pesquisa mostra que profissionais de *marketing* têm disposição para desenvolver habilidades para estratégias de sustentabilidade, assim como alinhar padrões e diretrizes para a indústria mensurar seus impactos.

- 57% estão equipados com habilidades e ferramentas;
- 51% estão acessando ideias para o tema;
- 47% estão acessando casos e estudos sobre o tema;
- 46% estão criando métodos para mensuração e relatórios de impacto;
- 45% estão comprometidos com forma de mensuração independentes.

No quarto nível, "Criatividade em ação", dos profissionais de *marketing* empenhados em construir uma comunicação mais sustentável, 40% têm orgulho em compartilhar a história da empresa em relação à sustentabilidade, e 54% acreditam que as ações de *marketing* servem para educar as pessoas, os consumidores, sobre escolhas e práticas sustentáveis.

No quinto nível, "Redefinição de valores", 42% dos profissionais que a temática da sustentabilidade está na visão geral das ações de *marketing*.

O caminho ainda pode ser longo, mas estamos seguindo uma direção muito mais sustentável do que 10 anos atrás. A pandemia gerou muita reflexão e mudanças internas nas empresas, e o caminho para a sustentabilidade se tornou mais claro.

Agora podemos olhar cada ODS e procurar identificar temas ou estratégias que podem construir cenários nos quais as organizações estejam aptas para comunicá-los.

ODS 1 – Erradicação da pobreza

A maioria das organizações vai divulgar causas sociais nos próximos anos, se uma empresa não tem como produto ou serviço que de alguma forma se alinhe ao ODS 1, ela pode comunicar suas ações sociais, o que está fazendo em prol deste ODS, incluindo apoio às campanhas e instituições que combatem a pobreza extrema.

ODS 2 – Fome zero e agricultura sustentável

Segurança alimentar e falta de alimentos causada pelas mudanças climáticas serão pautas de muitas empresas nos próximos dois anos. Muitos dos eventos climáticos atuais, que aconteceram recentemente no Brasil e no mundo, estão ligados ao tema. Empresas de alimentos e varejistas de alimentos podem e devem comunicar como seus processos produtivos estão ajudando a combater a fome no mundo e o que estão fazendo para gerar uma agricultura mais sustentável, por exemplo, divulgando campanhas sobre escolha de fornecedores mais sustentáveis ou promoção de produtos "verdes".

ODS 3 – Saúde e bem-estar

A pandemia trouxe muito claramente a questão da saúde e do bem-estar das pessoas, principalmente em situações extremas. Nunca foi tão falado sobre saúde sistêmica como atualmente. Mesmo empresas que não trabalhem com o ODS 3 diretamente poderão abordar como estão agindo para melhorar a saúde dos colaboradores e gerar mais resultado com essas ações. Exemplo é o debate (até o momento polêmico) da semana de trabalho de quatro dias – isso será tópico dos próximos dois anos no mundo corporativo.

ODS 4 – Educação de qualidade

Empresas de educação ou que precisem de mão de obra qualificada se conectarão a este ODS para valorizar uma educação que realmente transforme a sociedade. Novos métodos de ensino e a entrada da IA - inteligência artificial serão o tema dos próximos meses.

ODS 5 – Igualdade de gênero

O tema igualdade, inclusão e diversidade já está nos planejamentos de comunicação e *marketing* de 2024, e cada vez mais empresas vão precisar incorporar o tema tanto na sua comunicação interna quanto na sua comunicação mercadológica, o quanto de representatividade têm seus produtos e serviços.

ODS 6 – Água potável e saneamento

No ODS 6, assim como o ODS 1, no qual nem todas as empresas têm produtos e serviços alinhados com o tema, todas precisam de água e cada uma é responsável pelo bom uso deste recurso natural. Empresas precisaram comunicar com transparência como estão utilizando a água para que não haja desperdício ou contaminação.

ODS 7 – Energia Limpa e acessível

Fontes renováveis de energia estão cada vez mais se tornando produtos acessíveis dos consumidores comuns; as empresas podem utilizar este ODS para comunicar as ações que estão fazendo na sua cadeia produtiva e de que maneira utilizam a energia limpa para produzir produtos mais sustentáveis ou até mesmo escolhendo empresas que utilizam energia renovável.

ODS 8 – Trabalho decente e crescimento econômico

Este ODS é alinhado a todas as empresas, desde as de pequeno porte até as grandes corporações. Todas são responsáveis por gerar crescimento econômico e ao mesmo tempo criar valores para a sociedade (conceito de valor compartilhado, reveja o Capítulo 1).

ODS 9 – Indústria, inovação e infraestrutura

Este ODS também está alinhado à maioria das empresas. Empresas precisam divulgar o que estão fazendo em relação à inovação na sua cadeia produtiva e valores que estão gerando para a comunidade onde está localizada. Cada vez mais fábricas serão pressionadas para apresentar qual é a troca que ela realiza com a sociedade, além de geração de empregos, qual sua função social naquele espaço.

ODS 10 – Redução das desigualdades

Empresas podem não enxergar espaço para divulgar este ODS, pois, principalmente no Brasil, é algo ligado a uma competência e dever governamental, mas isso não é verdade, empresas e indivíduos podem trabalhar para reduzir desigualdades, principalmente no que tange ao preço dos seus produtos e serviços, o quanto podem ser acessíveis ou não e também em ações práticas para gerar mais oportunidades para uma comunidade ou até mesmo cidade.

ODS 11 – Cidades e comunidades sustentáveis

Empresas urbanas serão responsáveis por mostrar ações que valorizem uma vida urbana mais saudável e sustentável. O que está sendo feito para isso, qual é a inovação radical para melhorar a vida das pessoas que moram em cidades com pouco acesso a áreas verdes e natureza.

ODS 12 – Consumo e produção responsável

Este é o ODS-chave para a comunicação e o *marketing* das empresas, a cadeia produtiva até o descarte deve ser o foco das ações de sustentabilidade, o quanto as empresas estão mitigando processos produtivos não eficientes.

ODS 13 – Combate à mudança climática

Tema central dos veículos de comunicação, qualquer empresa, atualmente, precisa se posicionar em relação a esta questão, apresentando ações concretas do que está fazendo para o combate às mudanças climáticas.

ODS 14 – Vida na água

A produção de plástico e o descarte incorreto deste componente de milhares de produtos tem gerado muitos problemas ambientais, empresas procuram diminuir a utilização do plástico em seus produtos para se adequarem às pressões sociais de não utilização do plástico, porém utilizar este ODS para uma comunicação *greenwashing* não resultará em algo produtivo. A empresa deve agir com total transparência, detalhando as medidas adotadas para reduzir tanto o consumo quanto a produção de plástico.

ODS 15 – Vida sobre a Terra

Empresas alimentícias, assim como no ODS 2, precisam da conservação do solo e de uma agricultura e pecuária mais sustentáveis para que os recursos naturais não se esgotem, a conversação das florestas já está na pauta de muitas empresas há muitos anos, como exemplo o, uso de ingredientes da Floresta Amazônica, com exploração controlada da Terra, ou seja, o ser humano pode utilizar os recursos que o meio ambiente natural oferece, porém precisa controlar este uso para não destruir e ficar sem os recursos provenientes da Terra.

ODS 16 – Paz, justiça e instituições fortes

O ODS menos citado pelas empresas será necessário em situações de crise tanto social quanto ambiental. As empresas vão se destacar aqui quando oferecerem apoio às causas de paz.

ODS 17 – Parcerias e meios de implementação

Ninguém constrói um mundo mais sustentável sozinho, empresas que constroem parcerias até mesmo entre concorrentes para transformar uma sociedade em um lugar mais sustentável vão ter destaque. Aqui as divulgações de estratégias de cooperação entre empresas, governos e instituições será o caminho para disseminar este ODS.

4.2. O QUE O FUTURO NOS RESERVA?

Vimos neste capítulo várias predições da maneira como o *marketing* e a comunicação vão trabalhar as ações de sustentabilidade nos próximos anos, do que podemos concluir que o que mais as organizações vão precisar para os próximos anos é construir um diálogo muito transparente e proativo com a sociedade.

A empresa que ficar paralisada diante das imensas mudanças que estão ocorrendo e ainda não comunicar terá graves problemas de imagem e poderá prejudicar sua reputação.

No contexto do Brasil, sempre precisamos estar atentos às demandas globais, pois o tema sustentabilidade sempre coloca o Brasil no centro dos debates.

Podemos ver isso com a recepção da COP30, maior evento da ONU para o combate às mudanças climáticas.

As Conferências das Partes (COPs) são realizadas anualmente pela ONU em um país-sede escolhido e reúnem lideranças do governo e da sociedade civil para debater o tema.

Desde sua origem, há 32 anos, durante a Rio-92, no Rio de Janeiro, evento que trouxe luz para as mudanças ambientais que estavam acontecendo no planeta Terra, a questão das mudanças climáticas começou a se tornar uma preocupação global. Naquela ocasião histórica, foi feito um compromisso para estabilizar as concentrações de gases de efeito estufa na atmosfera para evitar interferências perigosas da atividade humana no sistema climático. Esse compromisso foi o ponto de partida para uma série de encontros globais subsequentes, que ficaram conhecidos como Conferências das Partes, organizadas pela ONU desde 1995.

Ao longo das COPs, os países têm negociado extensões e aprimoramentos do tratado original, visando estabelecer limites legalmente vinculativos para as emissões de gases de efeito estufa. Do Protocolo de Kyoto, em 1997, ao Acordo de Paris, em 2015, o mundo testemunhou esforços coletivos para enfrentar o desafio das mudanças climáticas.

O Acordo de Paris, em particular, foi um marco significativo, pois pela primeira vez todos os países do mundo concordaram em intensificar seus esforços para limitar o aquecimento global a 1,5°C acima das temperaturas pré-industriais. Além disso, o acordo enfatizou a necessidade de aumentar o financiamento para a ação climática, reconhecendo a importância de recursos adequados para enfrentar esse desafio global.

Olhando para o futuro, é crucial que os compromissos assumidos nos acordos internacionais sejam traduzidos em ações concretas e eficazes.

Com a COP30, que vai acontecer este ano (2025) no Brasil, em Belém, coração da Amazônia, o país tem a oportunidade não apenas de sediar o evento, mas também de liderar esforços significativos para proteger o meio ambiente e enfrentar as mudanças climáticas de forma sustentável e inclusiva.

Desde o primeiro encontro, as COPs vêm se modificando, e atualmente a presença e a visão das empresas e da sociedade civil, como ativistas, pesquisadores, estudantes têm sido muito relevantes nas discussões.

Muitas empresas aproveitam o momento do evento para mostrar suas ações concretas e também para fazerem negócios com outras empresas e instituições, pois a COP é um grande movimento de interação entre partes diversas.

A COP28, realizada em Dubai, teve foco no tema de transição energética e mitigação dos combustíveis fósseis.

Pensando nesse tema e no que se espera da COP30 no Brasil, podemos compreender que a pauta que norteará o mundo sobre a temática da sustentabilidade será a tão almejada e urgente transição energética, só que agora o tema não será apenas debate e discussões, mesmo que o objetivo de uma COP seja o debate, será necessário apresentar metas e ações concretas que vão realizar a transição energética, o que está por vir e como lidaremos com isso.

Outro ponto será que a preservação ambiental, tão ligada às questões distantes, principalmente de moradores de grandes cidades, será um dever de todos – aqui entra o destaque da economia circular sendo colocada em prática em larga escala.

Porque muitas gerações pensaram que a conservação de florestas como a Amazônia, entre muitas outras, seria assunto para ambientalistas e governantes que "pessoas que moram nos centros urbanos" não têm responsabilidade por este tema.

Só que essa ideia caiu por terra, pois o que acreditávamos que estava muito longe do nosso cotidiano agora está mais próximo do nunca.

Enquanto escrevia este livro, inundações tenebrosas aconteciam no estado do Rio Grande do Sul e, além de matar pessoas e animais, destruir plantações, deixou mais de 615 mil pessoas desabrigadas sem acesso à energia, comida, água potável.[28]

E se não pensarmos que isso é consequência de mudanças climáticas extremas, estaremos ignorando o fato de que o meio ambiente, o nosso lar, onde vivemos, está há tempos dando sinais de que se não mudarmos nossas atitudes o quanto antes, teremos cada vez mais efeitos devastadores.

Ao longo dos séculos os seres humanos se esqueceram de onde vieram, eles transformaram o planeta Terra, procuraram melhorar suas vidas, mas não olharam para o planeta de uma maneira integrativa, abrangente, preferiram direcionar seus esforços em consumir cada vez mais e mostrar seu poder de dominação diante de outros seres vivos.

A Floresta Amazônica, que estava tão distante e só servia para nos servir, começou a exigir uma relação de troca ganha-ganha, onde o ser humano pode usá-la e obter o que deseja, mas precisa preservá-la e cuidar dela integralmente.

É esse ponto que muitos de nós ainda temos dificuldade de enxergar.

Como uma pessoa que também nasceu em uma cidade urbana, todos esses temas sempre foram distantes da minha realidade, mas os veículos de comunicação me trouxeram desde a infância essa visão de futuro, por mais incrível que pareça.

Os veículos de comunicação, muitas vezes criticados por levarem *fake news* ou por idolatrarem personagens políticos, me fizeram na infância (há mais de 40 anos) conhecer lugares e ações que seriam impossíveis, caso eu não tivesse acesso a esses meios de comunicação.

---

28. Disponível em: https://g1.globo.com/rs/rio-grande-do-sul/noticia/2024/05/14/temporais-moradores-fora-de-casa-x-capitais-brasileiras.ghtml.

Por muitas vezes vi na televisão ações do Greenpeace[29] que me marcaram para sempre, até hoje lembro-me de um ativista que saltou de um navio pequeno para outro navio enorme, em pleno Oceano Pacífico, para salvar uma baleia. Isso foi emblemático para mim, pois me mostrou uma realidade nunca antes vista ou vivida.

O mesmo aconteceu com as inundações e enchentes no Rio Grande do Sul em abril e maio de 2024, a mídias digitais e seus influenciadores conseguiram promover a causa de uma maneira nunca antes vista, geralmente as mídias digitais trazem apenas discussões superficiais sobre os temas, mas, neste caso, muitas pessoas se mobilizaram para ajudar a arrecadar doações para os desabrigados.[30] Neste caso, um meio de comunicação e profissionais que trabalham nele conseguiram alcançar milhares de pessoas e influenciá-las para uma ação muito positiva para a sociedade. Obviamente que nas mídias digitais há muita desinformação e *greenwashing*, como já vimos no Capítulo 3, mas ainda assim o efeito positivo é maior do que o negativo.

O que quero dizer aqui é que o futuro da sustentabilidade está em nossas mãos, nas atitudes que escolheremos daqui para frente.

Como profissionais de *marketing* e comunicação temos a oportunidade, diferente de outras profissões, de alcançar um público nunca antes imaginado e fazer com que este público se conscientize e até mesmo mude seu comportamento diante da realidade apresentada.

Portanto, nossa função como profissionais e futuro profissionais da área é ajudar na mudança para um mundo mais sustentável.

---

29. Saiba mais sobre o Greenpeace: https://www.greenpeace.org/brasil/quem-somos/.
30. Disponível em: https://noticias.uol.com.br/ultimas-noticias/agencia-estado/2024/05/10/influenciadores-mobilizam-vaquinhas-e-arrecadam-milhoes-para-o-rs-veja-valores.htm.

Referências bibliográficas

ACADEMIC SOCIETY FOR MANAGEMENT & COMMUNICATION. **Communications Trend Radar**, fevereiro 2024. p. 44. Disponível em: https://www.akademische-gesellschaft.com/projekt/communications-trend-radar-2024/?lang=en. Acesso em: 4 abr. 2025.

BUBANI, G. *et al*. **Marketing Trends 2024**. Kantar, 2023. Disponível em: https://www.kantar.com/campaigns/marketing-trends-2024. Acesso em: 4 abr. 2025.

CONSIGLIO, A. **24 tendências de comunicação para este ano**. 2024. Disponível em: https://www.meioemensagem.com.br/opiniao/24-tendencias-de-comunicacao-para-este-ano. Acesso em: 4 abr. 2025.

EUROPEAN PUBLIC RELATIONS EDUCATION AND RESEARCH ASSOCIATION. **Latin American Communication Monitor 2022-2023**, novembro 2023, p. 137. Disponível em: https://latincommunicationmonitor.com/. Acesso em: 4 abr. 2025.

KANTAR. **Sustainable Marketing 2030**, 2023, p. 45. Disponível em: https://www.kantar.com/campaigns/sustainable-marketing-2030. Acesso em: 4 abr. 2025.

CONSIDERAÇÕES FINAIS

No início dos anos 1990, havia uma garotinha que teve a ideia de criar o Clube da Natureza. O objetivo do clube era reunir meninas e meninos da sua idade para defender o meio ambiente.

A primeira reunião do clube aconteceu na casa de uma das meninas, e essa garotinha, que deveria ter uns 8, 9 anos de idade ficou muito feliz com a possibilidade de mudar alguma coisa, de mudar o mundo, talvez.

A reunião tornou-se um momento de brincadeira entre elas, claro, afinal, eram crianças saudáveis que queriam aproveitar o momento, que não estavam na escola, para brincar, mas a garotinha voltou para casa meio triste porque não tinha conseguido fazer nada para mudar o que estava acontecendo com a natureza que estava sendo destruída, e havia poucas ações em prol de mudança.

Muitos anos se passaram, essa garotinha cresceu e seu objetivo sempre foi mudar algo, transformar alguma coisa, melhorar o que pudesse.

Essa garotinha se transformou na professora, consultora e mentora de comunicação e sustentabilidade que sou hoje.

Essa história verdadeira mostra que a nossa essência sempre permanece, por mais que muitos caminhos mudem.

Sempre defendi a sustentabilidade – sem mesmo saber esse nome –, sempre acreditei que poderíamos fazer melhor, que poderíamos mudar o que estava ruim, poderíamos transformar a visão e o comportamento das pessoas para que todos, sem exceção, pudessem ganhar com essa mudança.

A garotinha dos anos 1990 não conseguiu transformar as colegas, mas, ao crescer, conseguiu disseminar nos últimos 15 anos como professora o que é a sustentabilidade para milhares de alunos e de diversas maneiras, entre palestras, aulas, cursos e orientações.

Depois de muitos anos, percebi que a essência da sustentabilidade é muito mais do que a preservação ambiental, a preservação do nosso planeta Terra, a essência da sustentabilidade é transformação do meio ambiente como um todo, é ajudar pessoas e empresas a ganharem consciência das suas atitudes e dessa forma conseguir mudar o que não está fazendo bem.

Por isso posso dizer aqui com todo conhecimento experimentado ao longo de mais de 20 anos na área de comunicação e *marketing* que a comunicação também é parte da essência da sustentabilidade.

Quanto mais as pessoas e as organizações conhecerem conceitos e práticas sustentáveis, mais estarão engajadas e trabalharão em se tornarem, ou melhor, se transformarem para se conectarem à sustentabilidade.

E por isso a comunicação e o *marketing* são essenciais neste processo de disseminação, de compartilhar conhecimento com os mais variados públicos.

Quanto mais pessoas conscientes da sustentabilidade, mais temos a possibilidade de mudar caminhos e construir pontes para tornar o mundo mais sustentável e saudável.

Este livro trouxe conceitos, exemplos, exercícios que podem ser utilizados na sua escola, na sua universidade e na sua empresa, este livro também comunica e dissemina a sustentabilidade para que ela seja levada para mais pessoas, mais lugares.

Espero que você, leitor, tenha aproveitado e que continue o papel de comunicar a sustentabilidade!